Ritualística Maçônica

Rizzardo da Camino

Ritualística Maçônica

MADRAS®

© 2022, Madras Editora Ltda.

Editor:
Wagner Veneziani Costa (*in memoriam*)

Produção e Capa:
Equipe Técnica Madras

Revisão:
Arlete Genari

Dados Internacionais de Catalogação na Publicação
(CIP)(Câmara Brasileira do Livro, SP, Brasil)

Camino, Rizzardo da
Ritualística maçônica/Rizzardo da Camino. –
2. ed. – São Paulo: Madras, 2022.

ISBN 978-65-5620-032-3

1. Maçonaria 2. Maçonaria - Rituais 3. Maçons
I. Título.

21-92254   CDD-366.1

Índices para catálogo sistemático:
1. Maçonaria: Sociedades secretas   366.1
Cibele Maria Dias – Bibliotecária – CRB-8/9427

É proibida a reprodução total ou parcial desta obra, de qualquer forma ou por qualquer meio eletrônico, mecânico, inclusive por meio de processos xerográficos, incluindo ainda o uso da internet, sem a permissão expressa da Madras Editora, na pessoa de seu editor (Lei nº 9.610, de 19/2/1998).

Todos os direitos desta edição reservados pela

MADRAS EDITORA LTDA.
Rua Paulo Gonçalves, 88 – Santana
CEP: 02403-020 – São Paulo/SP
Tel.: (11) 2281-5555 – (11) 98128-7754
www.madras.com.br

Índice

Apresentação 7
Capítulo 1 – Maçonaria 11
Capítulo 2 – A Origem do Maçom 19
Capítulo 3 – Ser Livre e de Bons Costumes 25
Capítulo 4 – Da Admissão dos Candidatos 33
Capítulo 5 – A Iniciação 35
Capítulo 6 – Os Oficiais da Loja 39
    O Venerável Mestre 41
    Ex-Venerável ou *Past Master* 47
    Os Vigilantes 48
    Primeiro Vigilante 50
    Segundo Vigilante 65
    Complemento à Iniciação 75
    Orador 75
    Secretário 84
    Expertos 87
    Cobridor Externo 89
    Cobridor Interno 91
    Mestre de Cerimônias 94
    Tesoureiro 96
    Hospitaleiro 98
    Mestre de Banquetes 100

Loja de Mesa ou Banquete 101
Os Diáconos 105
Chanceler 108
Porta-Estandarte 110
Porta-Espada 111
Mestre de Harmonia 116
Arquiteto 118
Bibliotecário 119

Capítulo 7 – A Loja Maçônica 121
A Sala dos Passos Perdidos 122
O Átrio 123
O Templo 124

Capítulo 8 – O Painel 127
Capítulo 9 – A Cadeia de União 137
Capítulo 10 – O Compasso e o Esquadro 141
Capítulo 11 – O Livro da Lei Sagrada 149
Capítulo 12 – Os Landmarks 161

Apresentação

Ultimamente, proliferam livros maçônicos e os maçons não mais reclamam pela ausência de literatura maçônica.

Algumas editoras, como a Madras, têm editado livros maçônicos criando estantes específicas; outras, dedicam-se exclusivamente à Arte Real e uma das principais já editou, em poucos anos, 100 (cem) obras de diversos autores.

Os assuntos são os mais variados possíveis, explorando a história universal maçônica e, principalmente, a Maçonaria no Brasil; os Rituais são dissecados; a Filosofia evidenciada e, raramente, a Mística Maçônica.

Contudo, sempre resta alguma coisa para ser apreciada como o fazemos agora com o presente livro: *Ritualística Maçônica*, que desenvolve os cargos em Loja, as obrigações das Luzes e dos Oficiais.

Observamos que nem sempre o Oficial que desempenha seu cargo está ciente e consciente do papel que representa.

As omissões são genéricas; se pretendemos pertencer a uma Loja que trabalhe a contento, torna-se essencial sabermos o porquê do cargo que venhamos a ocupar, esporádica ou permanentemente. Deveres e obrigações são a mola mestra para uma Loja Justa e Perfeita.

Se o Oficial não souber desempenhar as suas obrigações, como instruirá os Adeptos quanto ao comportamento em Loja, na Fraternidade e na Sociedade?

Em primeiro lugar, precisamos "conhecer" nossa Loja; saber do porquê da existência de Símbolos e seu significado.

Já foi dito com acerto que o principal dos símbolos é o próprio maçom, e nele estão inseridos todos os demais símbolos.

Conhecer a si mesmo é uma máxima filosófica antiga, e a isso somos levados pela Diretoria de uma Loja.

A Maçonaria é uma Instituição Democrática *sui generis*, pois, dentro da Liberdade que é pregada, está à frente uma ordem hierárquica.

A Hierarquia torna-se uma complementação democrática, uma vez que o maçom nela penetra e ascende com o tempo.

O Aprendiz, inicialmente, é apenas um querido Irmão desprotegido; ao lado dele, a orientá-lo, está o seu Mestre.

O Venerável Mestre é o ponto mais elevado da Loja; o maçom o respeita, venera e obedece.

Aqui não há lugar para a tirania, porque o Venerável é instruído e dirigido pela Constituição, Estatutos, Regulamentos e Normas para ser um dirigente democrático. Essa posição exige um cuidado rígido, porque é no Venerável que os Irmãos se espelham.

Por sua vez, o Venerável Mestre transmite aos Membros da Loja o que é emanado dos Escalões Superiores.

Há sempre um Grão-Mestre que dirige uma Jurisdição e ele, como autoridade máxima, tem enorme ascendência sobre os Veneráveis Mestres.

Em última análise, a Loja é obediente ao seu Grão-Mestre, que venera e contata por meio da Cadeia de União e da Palavra Semestral.

A Palavra Semestral é "criada" pelo Grão-Mestre, após instantes de meditação, e ela não só é contato como orientação.

Há um entrelaçamento entre Símbolos, Oficiais, Venerável Mestre e o Grão-Mestre, e esse conjunto é que se denomina de Loja.

Portanto, a todo maçom cumpre o dever de saber o significado dos Símbolos; a função de cada Oficial, as prerrogativas do Venerável Mestre, a personalidade do Grão-Mestre; esse saber, se não procede da Loja, em suas Sessões, está inserido na literatura maçônica.

É dever de cada maçom ler, estudar e digerir o que aprende; somente depois disso é que ele pode afirmar "sou maçom".

Torna-se imprescindível que cada Loja possua sua biblioteca para que os livros se tornem acessíveis aos Irmãos que não podem, por escassez econômica, adquiri-los.

Apresentação

Os Veneráveis Mestres têm o dever de orientar os seus súditos a respeito dos livros a serem recomendados; para tanto, devem ser os primeiros a tomar conhecimento da existência de uma nova edição.

O maçom dispõe, também, das revistas e dos jornais maçônicos, literatura leve que instrui e o coloca a par dos acontecimentos nas Lojas das diversas jurisdições de Norte a Sul. Neles, sempre encontramos artigos preciosos e esclarecedores, peças de literatura que o Orador deve ler em Loja.

Hoje, já não há razão para lamentações sobre a escassez de literatura maçônica; ela é variável e disseminada, além de ser abundante.

Com o presente e modesto trabalho, nossa intenção é suprir, não apenas falhas, mas omissões, e propiciar a todo maçom mais um pouco de conhecimento que haurimos, por meio de pesquisa, estudo, meditação e profundo interesse em servir aos prezados Irmãos.

Capítulo 1

Maçonaria

A Instituição Maçônica possui seus fundamentos em data indefinível, pois, afora documentação do século XVII, nada existe de específico que lhe dê origem. Ela possui uma característica curiosa: se comparada com o Bramanismo, conclui-se que provém dessa religião tão antiga como o mundo; se comparada com o Hinduísmo, pareceria dele originar-se; e assim por diante, em especial com o Budismo e o Cristianismo. Todos os grandes fundadores de movimentos religiosos e filosóficos parecem de origem maçônica.

Essa curiosidade nos leva a aceitarmos seu ecletismo e afirmarmos que a Maçonaria sempre existiu onde houve um pensamento filosófico.

Podemos citar Platão, Aristóteles, Confúcio, Lao-Tsé, Maomé, enfim, qualquer um dessa plêiade que subsiste apesar do passar do tempo, e podemos dizer com tranquilidade que todos, sem exceção, foram maçons. O mesmo se poderia dizer da Igreja cristã. Com a diferença de que o Cristianismo é relativamente recente; apenas dois mil anos, num concerto de milhares de anos.

Dizendo isso, evidencia-se que a Maçonaria não tem época, e sua história é a das civilizações.

A realidade é que a Maçonaria está envolvida em uma auréola mística muito especial; ela é uma filosofia atual.

Ernani de Carvalho Haeffner, falecido em agosto de 1975, nos deixou uma obra esgotada no momento, *Vademecum Maçônico*, e dela extraímos, do preâmbulo, conceitos preciosos que transcrevemos, em homenagem póstuma:

"A Maçonaria é uma Instituição essencialmente filantrópica, filosófica, educativa e progressista. Pugna pelo aperfeiçoamento moral, intelectual e social da Humanidade, por meio do cumprimento inflexível do Dever, da prática desinteressada do Bem e da investigação constante da Verdade.

Reconhece a prevalência do espírito sobre a matéria e afirma o princípio cardeal da tolerância mútua, para que sejam respeitadas as convicções, a dignidade e a autonomia do indivíduo como personalidade humana.

Exige dos maçons, tanto na esfera individual como na órbita social, amor, respeito e amparo à Família, devotamento à Pátria e obediência à Lei. Tem por divisa a LIBERDADE, IGUALDADE e FRATERNIDADE, e inspira-se nos princípios de Verdade, Trabalho, Direito e Justiça.

Defende a absoluta liberdade de consciência, reconhecendo aos maçons o direito de opinar e intervir, pelos meios legais, em todas as questões relativas à Instituição proibindo-lhes, contudo, e terminantemente, a discussão sobre matéria política ou religiosa dentro das Oficinas.

Exige de seus Membros a mais rigorosa prática das virtudes cívicas e domésticas, e determina-lhes que estendam e liberalizem os laços fraternais que unem os maçons a todos os homens da superfície da Terra.

Reconhece a existência de um princípio criador, superior, ideal e único, sob a denominação de Grande Arquiteto do Universo, Deus.

As três grandes Luzes da Maçonaria: Livro da Lei Sagrada, Esquadro e Compasso, são de uso obrigatório em todos os trabalhos da Oficina.

Considera o Trabalho um dos deveres essenciais do homem e julga tão dignificante e nobre o manual como o intelectual.

Defende o princípio de que a todo acusado se deve dar conhecimento oportuno da acusação, em todos os seus pormenores, assegurando-se-lhe, em processo regular, oportunidade de ampla defesa.

Considera Irmãos todos os maçons, quaisquer que sejam as raças, nacionalidade ou crenças, e iguais perante a Lei, mas *reconhece e recompensa o mérito da inteligência e da virtude, bem como o valor demonstrado na prestação de serviços à Pátria e à Ordem.*

Recomenda a propaganda de sua Doutrina pela palavra escrita ou falada e pelo exemplo, e proscreve terminantemente o recurso à força e a violência.

É uma Escola mútua, cujo programa se resume assim: obedecer às Leis, viver com honra, praticar a Justiça, amar o próximo e trabalhar sem descanso para a felicidade do gênero humano, promovendo a sua emancipação progressiva e pacífica.

A Maçonaria Brasileira é uma Potência Maçônica Simbólica e Soberana, com jurisdição exclusiva sobre os Três Graus Simbólicos, e que traça a sua orientação perante os problemas nacionais e humanos de maneira própria e independente, inspirando-se nos princípios democráticos e esforçando-se pelo desenvolvimento e cultivo das relações fraternais com as demais potências maçônicas do Universo".

Esses "princípios" definem a contento a Instituição Maçônica e muito pouco se poderia acrescentar, a não ser a existência da Maçonaria Filosófica, que desempenha um exitoso papel maçônico.

Cada livro maçônico, antigo ou atual, contém definições a respeito da Instituição, sem contudo esgotar o assunto.

Cada maçom, desde os seus primeiros passos, toma conhecimento dos aspectos incomuns da Instituição.

Para o profano será difícil entender que associados possam externar, dentro de suas reuniões e fora delas, um afeto incomum que, em linguagem maçônica, traduz-se como amor fraternal.

A Maçonaria tem duas faces: a exterior, apreciada pela sociedade (composta de profanos e maçons) que evidencia um respeito sagrado e uma admiração acentuada, e a face interior que revela o convívio entre os maçons. Atualmente, o prestígio da Maçonaria na sociedade tem diminuído; antigamente, quando alguém descobria a identidade de um maçom, esse era visto com admiração e respeito. Além do toque peculiar quanto o cumprimento com as mãos, o que ocorre apenas entre os adeptos, o maçom cumprimentava os profanos, erguendo o chapéu e, para tanto, levantava a aba com a mão direita, segurando-a por detrás; hoje, o chapéu está em desuso, de modo que externamente o maçom não se identifica.

Por outro lado, a difusão é ampla, seja por meio de livros, jornais e revistas, que embora dirigidos para os maçons, podem com extrema facilidade chegar às mãos do profano.

Há um aspecto negativo da Maçonaria quanto ao trabalho social; especificamente, a Maçonaria não encabeça nenhum movimento social em prol dos necessitados, dos menores de rua, dos enfermos e velhos; embora, sempre, nos movimentos sociais públicos, haja a presença de maçons, esses desempenham o seu trabalho individualmente.

Existem interpretações diversas sobre o fato de que a Maçonaria não deve sair dos Templos e preocupar-se apenas com o indivíduo, preparando-o para que se torne caritativo na sua ação pessoal. Outra corrente propugna que a Maçonaria atue publicamente na sociedade, abraçando desafios e auxiliando o Poder Público a amenizar os problemas sociais.

Os problemas são ingentes e cada vez mais acentuados; os menores de rua, nem sempre abandonados, mas em busca do sustento familiar, que fazem parte da economia doméstica, não têm solução enquanto as suas famílias não forem cuidadas.

O segundo e gigantesco problema é o das drogas, que é disseminada em todas as classes sociais, em especial na classe média. Embora se trate de um problema policial, a cargo dos órgãos públicos, a Maçonaria deveria participar com uma quota de colaboração, instruindo os seus Adeptos e zelando para que nenhum deles se envolva no tráfico infame.

A problemática maçônica reside em trabalhar o indivíduo e não a coletividade.

Por exemplo, nos parlamentos federal e estaduais, há um apreciável número de maçons; coletivamente, nada produzem; individualmente, são preparados para apoiar o lado útil e bom das sugestões e projetos.

Em todo o mundo, somos milhões de maçons que influenciam o meio ambiente em que atuam; é uma força poderosa, embora, às vezes, o próprio maçom ignore isso.

Há um só caminho para a redenção social: o preparo da família.

O maçom age como se pertencesse a uma poderosa família, pois reconhece que a raiz do poder está no seio de sua própria família.

No momento, no Brasil, a Maçonaria está empenhada num movimento de grande alcance, que são os Capítulos De Molay e o das Filhas de Jó, grupos que atraem jovens de ambos os sexos, onde cultivam a boa educação no sentido de preservar o que há de mais valioso na adolescência, preparando-a para a maioridade, ou seja, o futuro. É uma espécie de "pré-Maçonaria", em que, sob a orientação de maçons, preparam-se para serem úteis dentro da sociedade, como membros sadios em benefício da coletividade. Esses jovens já somam milhares e, em breve, com o transcorrer do tempo, os resultados obtidos serão surpreendentes.

Há, portanto, quem se preocupe em participar dos problemas sociais, embora dentro das limitações naturais que envolvem a Maçonaria.

Por outro lado, há o trabalho das esposas dos maçons, que pertencendo às sociedades femininas desenvolvidas dentro das propriedades maçônicas, atendem às necessidades sociais de suas comunidades.

No entanto, a seara é muito grande e os trabalhadores são poucos; é preciso fazer mais e mais; não há limite para o benefício social.

Temos a Maçonaria interna e esta se divide em duas partes: a que se desenvolve dentro dos Templos e a que atende os maçons no mundo profano. Trata-se do cultivo da fraternidade, ou seja, a prática do amor fraterno.

Não é uma tarefa fácil porque se faz necessário obter a colaboração individual.

Os Quadros das Lojas são grandes em número, porém, a frequência não é compatível com o desejado.

Mesmo assim, dentro do rodízio da frequência, todos são alcançados e recebem a oportunidade de serem "burilados".

O maçom é apelidado de Pedra Bruta, ou seja, carente de melhora e aperfeiçoamento.

O que a Maçonaria busca é esse aperfeiçoamento. Cada maçom, individualmente, possui virtudes que nem sempre afloram; essas virtudes devem ser exsurgidas, valorizadas e aperfeiçoadas; não há uma dimensão coletiva, mas cada Membro de Loja possui características próprias e diversas. A Maçonaria as descobre e passa a "trabalhar" uma a uma, separadamente, para colher, oportunamente, resultados satisfatórios. O aperfeiçoamento é lento e não tem fim; sempre haverá resíduos e arestas para aplainar.

Muitos creem que o trabalho das Lojas resume-se ao desenvolvimento dos Rituais. Paralelamente, nas Sessões, há a preocupação de cultivar o amor fraterno, seja pelo exemplo das Autoridades Administrativas, seja pelo material precioso com que a Ordem trabalha: o ser humano! Para cada ação surge um resultado.

Findas as Sessões maçônicas, encerram-se os trabalhos com a Cadeia de União, quando todos os presentes, em círculos, estreitam-se as mãos e invocam em si a presença de Deus.

Aqueles que têm o privilégio de frequentar as Lojas observarão as preciosidades que nelas se desenvolvem, a força espiritual que criam e os resultados que obtêm.

Os profanos ignoram esse trabalho constante da Maçonaria.

Para os maçons, a Loja é o seu segundo lar porque a Maçonaria lhes é uma segunda família.

O hábito da frequência é salutar; é exigida, no mínimo, uma presença semanal. O maçom, durante a semana, prepara-se para participar da Sessão que é abrangente, uma vez que não se limita a tratar dos assuntos administrativos de Loja e de seus planos, mas do desenvolvimento do Ritual que exercita os aspectos espirituais; uma preparação que abrange toda a semana; uma renovação de energias, planos, sugestões e, sobretudo, muito amor fraterno.

Toda Loja possui sua Sala dos Passos Perdidos. Essa curiosa denominação decorre do fato de os Irmãos, antes das Sessões, confraternizarem e tratarem de todos os assuntos pertinentes às suas profissões e aos seus problemas sociais e familiares; é uma troca de opiniões, exercitada com plena liberdade, pois todo assunto é permitido; nesse preâmbulo, os maçons ficam inteiramente à vontade e podem até deixar de adentrar no Templo.

Nota-se, nesses encontros, certa confusão, pois os Irmãos formam grupos e estreitam relações e planificam os trabalhos da Loja.

O hábito salutar da frequência é positivado após longos períodos, quando a velhice já bate à porta do indivíduo.

A Maçonaria ensina a envelhecer, pois, o avelhantado, já não encontrando lazer em sua casa, usufrui de horas agradáveis no convívio fraterno; não raros são os casos em que velhos maçons, já com dificuldade de locomoção, são auxiliados pelos mais jovens que os buscam em casa pelo prazer de tê-los no convívio semanal.

A Sala dos Passos Perdidos representa a consciência. O torvelinho e a agonia do mundo profano estão parcialmente presentes nessa sala.

Com o passar dos minutos, surge a tranquilidade capacitando os Irmãos a adentrarem no Átrio, onde irão se preparar para adentrar no Templo; esse segundo estágio equivale à subconsciência.

No Templo, nota-se a presença da hiperconsciência, estado de espírito que capacita o maçom a absorver as dádivas e as benesses da Filosofia.

Torna-se desnecessário analisar o mundo profano, o que ele representa e a sua influência nos indivíduos, os problemas que somam e as dificuldades em solucioná-los.

O mundo, hoje, exige que o seu habitante tenha preparo para, se não vencer as dificuldades, pelo menos contorná-las.

É desnecessário referir-se às mazelas existentes porque são muito bem conhecidas; as pressões infligidas aos maçons são múltiplas, e deixar o mundo profano por algumas horas constitui uma vitória imensa.

Fugir dessas pressões e agonias já é um prazer e uma benesse, e somente a Maçonaria propicia essa "pausa". É nessa "pausa" que o maçom se fortalece e se habilita, pois, ao retornar ao mundo profano, está com energias recuperadas e instrumentos afinados. É nesse mundo profano que o maçom "pinça" seus futuros Irmãos num trabalho pertinaz e glorioso.

Capítulo 2

A Origem do Maçom

O rodízio em todas as Instituições é prática usual; nenhum clube e nenhuma Igreja mantêm os mesmos adeptos por um período longo; sempre surgem os novos sócios.

Na Maçonaria não é diferente. Apesar dos juramentos que empenham a palavra de frequência, há momentos, em uma Loja de amplo Quadro, em que poucos a frequentam, obrigando, assim, ao revezamento.

Os Candidatos são apresentados pelos próprios maçons.

Raramente alguém procura, junto às Lojas, a oportunidade de ingressar, uma vez que há necessidade estatutária de o Candidato ser proposto por um Mestre Maçom.

A Maçonaria possui dois escalões: o do Simbolismo e o Filosófico.

O início de trajetória dá-se no escalão simbólico, que abrange três Graus: Aprendiz, Companheiro e Mestre.

Esse escalonamento define a Maçonaria, uma vez que basta a posse dos três primeiros Graus para que o maçom seja reconhecido como tal, universalmente.

Há os que entendem que a Maçonaria restringe-se aos três primeiros Graus, abrindo mão dos outros trinta.

Num aspecto geral, os autores de livros maçônicos dedicam-se à Maçonaria Simbólica.

É escassa a literatura sobre Maçonaria Filosófica; os jornais e revistas maçônicos dedicam seus artigos apenas ao Simbolismo.

Para definir o maçom é necessário definir o Candidato à Maçonaria, que é "pinçado" dentro do mundo profano. Ou seja, a escolha é definida e dirigida de conformidade com os desejos do proponente. Via de regra, o proponente indica um parente, um amigo ou pessoa de seu relacionamento, motivo pelo qual o Candidato deve ser alguém ligado ao proponente.

O proponente, antes de mais nada, deve certificar-se de que o seu proposto deseja ingressar na Ordem e, para tanto, há uma palestra íntima e esclarecedora.

Assim, o proponente vê-se na contingência de esclarecer ao proposto os princípios gerais da Ordem.

Esse fato esclarece por que o proponente deve ser portador do Grau de Mestre. Um Aprendiz talvez não possua conhecimentos mais aprofundados da Arte Real.

Logo, o ingresso na Maçonaria depende, em primeiro lugar, da vontade do proponente Mestre.

É o momento mais decisivo e mais relevante, uma vez que, se não houver uma consciência apurada, o futuro Candidato e futuro maçom resultará, de um lado, em tropeço para a Loja, e, de outro, o desencanto do profano.

É lastimável e sem volta indicar um profano que, desiludindo-se, abandona a Loja. É um malefício irreparável, pois os segredos revelados ficam à mercê da maior ou menor intenção do semimaçom, ou seja, de quem na realidade não foi Iniciado, pois apenas "passou pela Iniciação".

A Maçonaria exige uma condição para que um profano ingresse na Ordem: que seja "Livre e de Bons Costumes"; essa condição é genérica, não abrangendo todos os demais aspectos, como, por exemplo, se o profano absorve a pregação do amor fraternal.

Ser Livre e de Bons Costumes não é garantia suficiente; por exemplo, o fanático religioso não se adaptará à liberdade de pensamento que deve reinar na Loja.

Embora o fanático não possa ser considerado livre, escravo de suas convicções, já não serve para ingressar na Ordem. A liberdade deve ser ampla, sem restrições.

Uma mente bem formada aproxima-se da liberdade; a instrução faz parte dessa liberdade, uma vez que a mente já pode distinguir o que constitui ignorância.

O Candidato deve ter instrução suficiente que o destaque do vulgo ignorante; não se exige intelectualidade, mas sim conhecimento rudimentar da ciência. O equilíbrio é sempre salutar e conveniente.

A Maçonaria é uma "escola", e como tal instrui, mas somente a respeito da Arte Real, e não o conhecimento comum ou universitário.

Quem frequenta a Loja assiduamente não recebe instrução profana. Na realidade, o convívio supre as falhas porque há uma permuta de conhecimentos profanos, embora não seja suficiente.

O proponente obriga-se a preencher um questionário sobre o proposto, porém, nesse questionário não consta o grau de escolaridade.

O proponente vê no proposto o amigo, a parte afetiva, e não se preocupa sobre outras questões.

Temos tido exemplos louváveis de maçons recém-iniciados retornarem ao estudo e frequentarem cursos noturnos com a finalidade de aprimorar o seu conhecimento, e isso por influência da Loja.

Outro aspecto relevante é a situação familiar do proposto. Não se exige uma família modelo, mas um mínimo de bom relacionamento entre os cônjuges e com os filhos.

A Maçonaria, na Loja, constitui uma família; se o proposto não é um bom chefe de família, como o será na Loja?

O conhecimento do proposto é vital; deve haver uma sindicância rigorosa e detalhada a respeito dos seus hábitos e do seu comportamento.

Quem não é cumpridor dos seus deveres, não cumprirá os deveres da Fraternidade.

O papel do proponente é relevante; a amizade e o corporativismo são parcelas inimigas das propostas; a amizade cega os homens, pois repelem no amigo os defeitos; o corporativismo atua negativamente.

É comum constatar que um dentista, por exemplo, indica um colega para a Iniciação; um militar, também, o amigo de farda; um espírita, o amigo de profissão. Com o tempo, notam-se, na composição de Loja, grupos corporativistas que, cedo ou tarde, criam problemas, em especial por ocasião das eleições de cargos.

Atualmente, há uma preocupação de parte dos Escalões superiores quanto às facilidades como ingressam os profanos nas Lojas; indicados levianamente, são futuros problemas de toda espécie.

Se há preocupação de permitir que somente os Mestres possam fazer as propostas, é sinal que deve ser exigido um comportamento consciente e honesto.

Uma vez iniciado o profano, já não há meios para corrigir as falhas, e esse novel maçom adquire todos os direitos que a Ordem lhe garante, tornando-se, com o tempo, um igual.

Os Graus de Aprendiz, Companheiro e Mestre são alcançados com facilidade; basta apresentar um trabalho sobre o Grau para que, vencido o prazo estabelecido (em geral é de um ano), possa o Aprendiz passar a Companheiro, e este, por exaltação, a Mestre.

Se um profano indicado de forma leviana passa futuramente a Mestre, terá o direito, por sua vez, de fazer indicações.

Como agirá, se não tiver absorvido as lições recebidas em Loja? Certamente, de forma leviana também, e assim a corrente aumentará com reflexos negativos para a Loja.

O mundo profano não sabe, mas a Maçonaria está enfrentando uma crise profunda em suas Lojas: a da frequência.

Vemos Lojas que trabalham em Templos magníficos, com um Quadro de Obreiros respeitável, terem nas Sessões número restrito de Membros a ponto de, quando se necessita elaborar uma Iniciação, dever-se solicitar a outras Lojas auxílio para completar o Quadro de Oficiais e membros administrativos.

Essa situação, que é genérica, decorre da má preparação dos maçons, que, por sua vez, foram mal "pinçados" no mundo profano.

O "pinçamento" significa o cuidado na escolha e as dificuldades para encontrar prosélitos.

Outro aspecto relevante é a espiritualidade do Candidato: a que grupos pertence e se em seus "centros" ou "igrejas" ou "reuniões" ele é observador dos preceitos estabelecidos; em suma, qual a sua contribuição no meio ambiente social e espiritual a que pertence.

A Loja distribui três sindicâncias e, de forma reservada, as entrega a três Mestres selecionados.

Aqui, ocorre um aspecto importante, e cabe ao Venerável Mestre toda a responsabilidade. Os sindicantes nem sempre são merecedores de confiança, pois se limitam a informar superficialmente o que conseguem obter em suas informações, que são escassas.

Há uma falha nessas sindicâncias, uma vez que são sigilosas e, preferencialmente, são feitas sem o conhecimento do sindicado.

Torna-se muito difícil analisar o caráter da pessoa por meio de informações obtidas junto a terceiros.

O sindicante deve aproximar-se do sindicado e com ele iniciar um relacionamento amistoso para obter dele, diretamente, as informações; se possível, frequentar os locais onde atua o sindicado, no âmbito profissional, religioso e social.

Não se exige que o sindicado seja religioso, apenas que acredite em Deus e na vida futura.

Para saber se o Candidato crê em Deus, só existe um meio: perguntando-lhe; a resposta deverá ser sua e não colhida entre terceiros.

Crer em Deus como criador e Supremo Poder é essencial para ser aceito na Ordem.

A crença na Divindade conduz a outras experiências, como possuir Fé, Esperança e Amor, trilogia indispensável para que haja um caráter bem formado.

Nos dias atuais, o materialismo acentua-se, e ele é destruidor porque se o homem não aceita a existência do Ser Supremo, ele não terá temor a nada; deve haver um respeito pelas coisas misteriosas e divinas; assim, será mais fácil compreender o homem se esse pertencer a algum grupo religioso.

O religioso passa por várias etapas em sua vida e quando amadurecido, que é a idade ideal para ingressar na Maçonaria, mesmo que não seja praticante, a religião fez dele um elemento positivo e respeitador; o religioso já se habituou ao convívio social de sua Igreja e já possui conhecimento mais profundo sobre o Templo.

Uma pergunta que se impõe é a respeito da leitura das Sagradas Escrituras; quem tem o hábito de lê-las demonstra capacidade de compreensão dos assuntos espirituais.

A leitura constante de Bíblia demonstra disciplina e interesse; a Bíblia ou Sagradas Escrituras podem ser sinônimos, embora um livro de lei religioso possa ser denominado de Sagrada Escritura.

Quem, quando jovem, foi religioso, quando adulto trará consigo conceitos seguros.

A Maçonaria busca nas Sagradas Escrituras liames fortes, tanto históricos como de fé, pelo exemplo dos personagens nela envolvidos.

O brasileiro, fazendo parte de um povo essencialmente cristão, deve revelar em seu comportamento as lições aprendidas.

Ao lado da crença em Deus está a outra exigência: crer na vida futura.

Essa crença é muito variada, pois fica na dependência de maior ou menor conhecimento da espiritualidade.

O maçom que passa a vida inteira no meio de propostas e assuntos espirituais, pautando uma vida sadia e exemplar, não pode aceitar que *post mortem* ele seja destruído.

A vida em si é um mistério aceito por todos porque ela se materializa e os homens zelam pelo bem-estar do corpo físico e buscam, sempre, o caminho da felicidade para satisfazer os seus sentimentos. Esse trabalho constante não pode diluir-se após a morte.

A crença na vida futura exige a crença na existência do espírito, visto que essa vida futura difere daquela a que estamos habituados, que é a vida física e palpável.

Temos, portanto, a vida material e a espiritual, um dualismo na realidade de difícil compreensão, mas que não obstaculiza a crença e a esperança, porque todos desejamos que a vida espiritual seja mais feliz.

A Maçonaria aceita com ênfase esse duplo aspecto e faz dele um dogma.

O Candidato deve demonstrar essa sua crença no aspecto espiritual; caso contrário, ele não se capacitará a aceitar os princípios maçônicos que lhe serão ministrados.

A Iniciação Maçônica é essencialmente espiritual; o trabalho dentro do Templo também é espiritual.

O sindicante bem como o proponente que são espiritualizados devem possuir a sensibilidade suficiente para aquilatar a espiritualidade do sindicado e proposto.

O proponente deve ter intimidade com o amigo ou parente e inquirir a fundo sobre esses dois pontos essenciais.

Capítulo 3

Ser Livre e de Bons Costumes

Ser Livre e de Bons Costumes não é uma condição maçônica, mas sim do profano Candidato.

É evidente que o maçom possui essas qualificações, uma vez que as trouxe à Iniciação desde o mundo profano.

O Candidato deve demonstrar por meio de sua vivência profana que é um cidadão livre.

A liberdade, aqui, não significa que ele não esteja mais preso ou que tenha sido escravo no conceito de liberdade civil.

No sentido constitucional, todo brasileiro é um cidadão livre; contudo, não é essa a liberdade exigida.

A escravidão, muito especialmente, nos dias atuais, não se manifesta pela sujeição a algum poder político ou social. Trata-se da escravidão físico-mental; a escravidão às drogas, sejam as altamente nocivas e causadoras de dependência psíquica e física, sejam as drogas "sociais" como o álcool e o fumo.

Há, paralelamente, a escravidão do vício sexual, dos desvios de conduta, seja de forma oculta, reservada ou pública.

A prostituição nos dias atuais é livre e, embora aparentemente inocente, corrói o conceito de família.

Aquele que não tiver força de vontade para banir esses vícios, como o simples cigarro, dele será escravo e, assim, não poderá afirmar que é um cidadão livre.

Mesmo que o vício se apresente mínimo, e que seja mínima a escravidão, compromete o sentido pleno da liberdade, que deve ser ampla, senão não será Liberdade.

A escravidão mental, às vezes evidenciada pelo fanatismo, seja religioso, político, esportivo ou social, é tão prejudicial como o vício, porque sobrepuja a tudo e a decisão sempre penderá para o seu terreno, comprometendo a liberdade ampla.

O próprio "glutão", que não mede o seu apetite, não passa de um escravo minando sua saúde.

Com essas exigências, a escolha de um Candidato torna-se extremamente difícil.

É por isso que se costuma afirmar que os Candidatos à Maçonaria devem ser "pinçados", o que equivale a um cuidado todo especial porque o acolhimento de um Candidato resultará em aceitar-se um futuro Irmão que fará parte da grande Família Maçônica.

Na escolha não deve haver margem de riscos.

Agora, vem a parte mais difícil: ser o Candidato de "bons costumes", o que significa "limpo e puro".

O que se pode entender por bons costumes?

É a maneira de vida que o Candidato apresenta; deve acreditar em Deus, em vida futura, ser obediente às leis, como bom cidadão, cumpridor dos seus deveres políticos e sociais, sem vícios, fraterno, dócil, amável, sociável e que se disponha a ingressar em uma Família, repentinamente estranha.

Admitir um estranho constitui um grande risco.

O trabalho de um sindicante é insano; ele deve descobrir no Candidato todas essas qualidades, e nisso ele empenha a sua honra, pois assina a sindicância.

Ninguém ignora que a Maçonaria está passando por certa crise, visto que nos seus Quadros os maçons não correspondem às preocupações do Venerável Mestre.

Anualmente, é eleito um novo Venerável que, entusiasmado pelo cargo, faz a sua programação, nem sempre exitosa pela incompreensão dos Irmãos que lhe negam apoio, com a sua ausência às Sessões.

A situação das Lojas é internacional. Visitamos Lojas nos Estados Unidos com um Quadro de 700 obreiros e uma assistência de 30 maçons!

Aqui, no Brasil, a frequência às Lojas também é um problema. Quadros invejáveis resultam em frequência mínima, obrigando a um rodízio e sempre novas e sucessivas Iniciações.

Ingressam nas Lojas milhares de Candidatos, mas a frequência é mínima.

Com essa falha torna-se impossível ao Venerável Mestre desenvolver o seu programa, e isso resulta em desânimo e frustração.

Fomos, de certa feita, Candidatos ao cargo de Grão-Mestrado e incluímos em nossa plataforma o interesse em aumentar a frequência às Lojas.

O Grão-Mestre deve descer de sua torre de marfim e, pessoalmente, buscar aqueles Irmãos que se afastam, por inúmeros motivos fúteis.

Cremos que o problema brasileiro resida mais na falta de frequência do que no interesse de proselitismo, trazendo para as Lojas novos adeptos.

Somos muitos maçons, mais do que necessário, mas na realidade aparecem poucos e isso desanima. Não se deve dizer que essas ausências são definitivas. Há, felizmente, um rodízio.

Porém, a ausência influencia na amizade, porque o afastamento esfria o contato fraterno.

No entanto, mesmo que o maçom não frequente a Loja, ele não está na realidade longe dos seus Irmãos, pois existe o elo espiritual que une as mentes.

Nas Lojas é feita a Cadeia de União, prática que une as mentes dos presentes e dos ausentes porque o maçom acredita nessa unificação e envia constantemente "bons pensamentos, bons augúrios" ao Irmão que estima e ama.

Na sindicância é constatado se o Candidato cumpre com os seus deveres sociais, isto é, se frequenta as reuniões profanas a que está ligado.

O cumprimento dos deveres é um bom costume. Bom costume não significa bom comportamento social e moral, mas a prática constante de boas ações, como se fora um escoteiro no seu dever de cumprir diariamente uma boa ação.

A moral deve prevalecer nos hábitos do profano; o bom exemplo, a chefia honrada da família, ser bom marido, bom pai e bom filho, em todos os sentidos.

No aspecto profissional, é muito importante conhecer-se o Candidato, porque ingressará numa Instituição como membro de uma Sociedade, pronto a servir.

A sindicância não deve ser uma conclusão precipitada; a observação sobre a vida do Candidato demanda tempo e meditação, análise e estudo.

O que a Maçonaria deseja é reunir, em uma Loja, pessoas que se afinem e que possam formar um Quadro coeso, compreensivo e amoroso.

O amor fraternal é algo sublime que desarma qualquer preconceito como se fora um ímã a atrair para si metais da mesma espécie.

Antes de se conhecer um maçom, cumpre, obrigatoriamente, conhecer-se o profano precedente.

Esse é o motivo pelo qual a Maçonaria possui relativamente poucos adeptos.

A seleção deve ser extremamente rigorosa.

Uma das características da Maçonaria é a procura do futuro maçom de forma sigilosa, de modo que o "visado" não perceba que está sendo sindicado.

O sindicante deverá aproximar-se sutilmente, sob os mais variados pretextos, e buscar certa intimidade com a finalidade de extrair as informações. Trata-se de um trabalho cuidadoso, paciencioso e pertinaz que às vezes demora.

A Direção da Loja não deve precipitar as sindicâncias, mas sim dar-lhe para a conclusão um tempo razoável de acordo com a necessidade apresentada pelo sindicante.

Três são os sindicantes e as sindicâncias; ao serem devolvidas à Secretaria, devem coincidir uma com a outra. Não pode haver divergência; uma pode apresentar-se mais rica e mais completa que outra, mas jamais contraditória.

As sindicâncias são distribuídas aos sindicantes de forma sigilosa, e apenas o Venerável Mestre sabe a quem foram entregues; a Loja ignora o processo, preservando a segurança quanto ao sigilo exigido.

O proponente que pode considerar-se o "padrinho", o qual deve supor-se conhecer a fundo a vida do Candidato, poderá "enriquecer", junto ao Venerável Mestre, fornecendo informações sobre o proposto, as quais serão usadas oportunamente.

Apesar de todo o rigor exigido, nem sempre os sindicantes apresentam sindicâncias satisfatórias.

Após a Iniciação, o Neófito, caso não se enquadre nos moldes exigidos e não encontre abrigo no Quadro, deixará de frequentar a Loja e se afastará do convívio semanal com os Irmãos, "adormecendo".

Adormecer significa um posicionamento inerte; não será um afastamento permanente, pois poderá reabilitar-se a qualquer momento, mas uma "morte civil", perturbando a boa marcha dos trabalhos da Loja.

Não está previsto na legislação maçônica, o que constitui uma falha, a punição do padrinho e dos sindicantes por terem contribuído para a proposição de um Candidato despreparado.

O Neófito, ou seja, o Candidato, após iniciado, passa a ser considerado um "discípulo".

Todo "discípulo" necessita de um "mestre" que o acompanhe nas suas dúvidas, que o aconselhe e dirija.

Por uma questão de lógica, o Mestre deveria ser o padrinho; no entanto, em certos casos, como a indicação é geralmente de um parente, o Mestre deve ser escolhido entre outros Irmãos do Quadro.

Na legislação maçônica, isso não está previsto, o que gera grandes dificuldades, seja no aprendizado, seja para robustecer a personalidade do novato.

Quando o discípulo possui o seu Mestre, este suprirá os conhecimentos necessários e fará com que o novel maçom se sinta firme na decisão que tomou espontaneamente.

Mas, acima de tudo, esse Mestre será responsável pelo seu discípulo e, assim, não incindirá ele nas falhas que são comuns, de falta de interesse e cumprimento dos deveres que jurou cumprir.

Há uma corrente de autores que recomenda que seja entregue ao Candidato um "manual" esclarecedor a respeito do que é a Maçonaria.

Acreditamos que esse "manual" pode ser entregue somente depois de o Candidato ser convidado oficialmente e obtida a sua anuência e designada a data da Iniciação, não antes.

A Maçonaria é cercada por uma auréola de mistério calcada no sigilo maçônico.

O próprio maçom, tendo atingido o Grau de Mestre, ignora o que constitui a Maçonaria Filosófica, que é o segundo escalão existente. Até atingir o 33º Grau, há muito mistério a ser desvendado.

Na realidade, somente o maçom avelhantado é que consegue compreender a fundo o "mistério maçônico".

Não bastam anos de frequência ou a leitura de um livro para dominar-se o conhecimento total.

O sigilo maçônico perdura por um longo período, e só aquele imbuído do interesse em perscrutar a Verdade conseguirá saber o que é a Maçonaria e, sobretudo, o que é ser maçom!

Um dos caminhos para a aquisição do conhecimento é o maçom exercer um cargo em Loja e chegar ao Veneralato.

Para o exercício de cargos exige-se capacidade invulgar, uma vez que a prática demonstra que o maçom que exerce um cargo, com certeza, prosseguirá na sua trilha exercendo sucessivamente outros cargos.

Chegado ao Veneralato, concluído o seu período de gestão, passa a ser Venerável de Honra, ou ex-Venerável ou *Past-Master*.

Passará a ser como uma espécie de "Mestre dos Mestres", posicionando-se num cargo honorífico de grande prestígio.

A reunião de ex-Veneráveis é que forma o Colégio de Loja, a quem incumbe decidir os assuntos relevantes.

O profano, ao ser inquirido sobre seu desejo de ingressar na Ordem, deve fazê-lo com entusiasmo.

O padrinho e proponente deve ter a certeza que indicará à Loja um bom Candidato, pois passou a encará-lo como sendo um cidadão livre e de bons costumes.

É muito arriscado permitir o ingresso de um profano superficialmente instruído sobre a Ordem; ele deve conhecer tudo a respeito dos seus deveres, deixando de lado a parte mística e sigilosa.

Se possível, o proponente, após ter feito o convite ao proposto, poderá promover com ele uma reunião com vários outros maçons para uma longa palestra, satisfazendo a curiosidade do Candidato.

Havendo oportunidade, o Candidato poderá até assistir a alguma festividade "branca" da Loja, ou seja, Sessão festiva ou cultural, quando são admitidos profanos.

Somente depois de um aprofundado estudo é que o proponente comunicará à Loja que o Candidato encontra-se apto a ser Iniciado.

A responsabilidade do proponente é grande e sua palavra é aceita pela congregação, visto tratar-se de um juízo crítico de um Irmão.

Há no mundo profano a crença de que os maçons auxiliam-se uns aos outros, o que desperta a cobiça e o oportunismo.

Deve ficar bem claro que o maçom ingressa na Ordem porque satisfaz certas prerrogativas como, por exemplo, situação econômica estável e preparo para enfrentar as vicissitudes de vida.

Será impossível admitir um profano se seu salário não suportar as despesas naturais de uma sociedade.

O profano pode apresentar-se como cidadão perfeito, mas se sua condição econômica for frágil, resultará em problema futuro para a Loja.

A seleção será, também, nesse aspecto; quem luta economicamente, na realidade não é um cidadão livre; fica preso às necessidades financeiras e humilhado perante seus pares.

O Candidato deve ser considerado "limpo e puro", portador de uma relativa educação e instrução, situação econômica estável, crer em Deus e numa vida futura.

Na realidade, não é fácil encontrar alguém com tais atributos, mas sempre existirá esse indivíduo, entre os nossos relacionados, amigos e parentes.

O "auxílio" preconizado existente entre os Irmãos é de outro caráter, acima dos aspectos econômicos.

Na realidade, todos nós estamos sujeitos a sofrer acidentes na vida e, de um momento para outro, entrarmos em crise financeira.

É evidente que o necessitado encontrará auxílio na Loja. Porém, admitir alguém na Loja já necessitado seria uma grande imprudência e injustiça, obrigando os demais a lhe prestar auxílio.

Cada maçom, isoladamente, por conta própria, poderá proceder a uma particular sindicância sobre os Candidatos.

A Maçonaria possui uma organização social muito apurada; a Loja, ao receber uma proposta, deverá comunicá-la à Administração superior, Grande Loja ou Grande Oriente, que expedirá circulares por toda a jurisdição, detalhando nome e demais dados pessoais dos Candidatos com a finalidade de obter informações extrassindicâncias.

Qualquer maçom que conhecer os Candidatos e souber de fatos que os desabone tem o dever de comunicar à sua Loja o fato, e essa tomará as providências necessárias.

É norma que a proposta venha acompanhada de fotografias. As propostas e fotos ficarão no saguão da Loja como publicidade para que todos os Membros do Quadro possam tomar conhecimento.

É prática condenável, pois que desculpa o proponente há de dar ao proposto para lhe pedir fotografias?

Essas poderão ser solicitadas após a conclusão das sindicâncias.

Com o uso cada vez mais frequente da Internet, em breve, as sindicâncias alcançarão não só a jurisdição de uma Loja, mas todo o território nacional e internacional.

Uma providência não muito usual é solicitar aos órgãos públicos certidões negativas dos Candidatos.

Capítulo 4

Da Admissão dos Candidatos

A proposta que um maçom faz indicando um Candidato deverá ser por escrito e colocada na Bolsa de Propostas e Informações.

Aberta a Bolsa pelo Venerável Mestre, ele procede à leitura da proposta, mencionando pela primeira vez, e em voz alta, o nome do proposto.

A Loja é consultada sobre o prosseguimento do processo. Anuindo, a Secretaria preencherá três sindicâncias que o Venerável Mestre entregará de forma sigilosa a três Irmãos.

Dentro da Mística, o fato de o nome do proposto ser pronunciado em voz alta fará com que os "sons" produzidos extravazem a Loja e percorram o Universo, com suas ondas atingindo todos os maçons da Terra.

É o primeiro contato místico entre o então Candidato e a Ordem em geral.

Essa "onda" atingirá também o próprio Candidato, que receberá o primeiro "impacto".

É evidente que esse "impacto" será produzido na subconsciência, e dele o atingido sequer tomará conhecimento.

Concluídas as sindicâncias, o Venerável Mestre procederá à sua leitura, e por três vezes, em voz alta, referirá o nome do Candidato.

Quando a proposta é retirada da Bolsa, o proposto ainda não será considerado Candidato; após submetida a proposta à uma inicial aprovação, o próprio proposto passará a ser considerado "Candidato".

As sindicâncias serão submetidas a plenário, quando qualquer Irmão poderá tecer considerações. E, finalmente, caberá ao Guarda da Lei (o Orador) tecer as suas considerações finais, ou o não prosseguimento do processo.

Concluída essa fase, o Venerável Mestre designará data para submeter o nome do Candidato ao escrutínio secreto.

O escrutínio constitui uma votação por meio de esferas brancas e negras, sendo que as brancas aprovam e as negras reprovam.

De conformidade com o Estatuto da Loja, uma esfera negra susta o processo.

O Venerável Mestre convidará o Irmão que colocou a esfera negra para que, confidencialmente, lhe esclareça os motivos da recusa.

Se o motivo for convincente, o Candidato será recusado por determinado período. Então será renovada a votação; se persistir a recusa, o Candidato será eliminado e sua eliminação comunicada ao Órgão Superior da Grande Loja ou Grande Oriente.

Se a recusa, porém, não for aceita e o recusante não tiver convencido o Venerável Mestre, ele repetirá a votação, numa próxima Sessão; no caso, o recusante anterior modificará a votação colocando a esfera branca e o Candidato será aceito.

Antes de marcar a data da Iniciação, o Venerável terá uma audiência com o Candidato ou Candidatos, para um final convencimento.

Ao vencer a votação, o Candidato será declarado "limpo e puro" pelo Guarda da Lei.

Capítulo 5

A Iniciação

A Iniciação é uma cerimônia complexa e o Candidato deve ser preparado para dela participar.

O preparo consiste em orientar o Candidato quanto ao despojamento das vestes e dos metais; ao ingresso na Câmara de Reflexões; às viagens; às provas e a como deverá se comportar.

Obviamente, esse preparo é superficial e serve para que o Candidato não se atemorize.

Cada prova surte um efeito diverso no Candidato; se é uma pessoa nervosa, o temor de que for possuído não permitirá que acompanhe o simbolismo de todo o processo iniciático; passará por uma Iniciação sem compreendê-la.

Certas passagens das provas tornam-se agressivas e humilhantes; não seria justo submeter um Candidato a transtornos e humilhações.

O Candidato deve preocupar-se em conhecer o simbolismo das provas, visto que fazem parte do sigilo maçônico. Revelar partes desse sigilo a quem logo passará a ser maçom não significará imprudência nem violação.

Na Iniciação, desempenham as suas funções dois Expertos e um Mestre de Cerimônias.

O Mestre de Cerimônias encarrega-se de organizar todo o cerimonial da Iniciação e a supervisiona, seguindo as ordens do Venerável Mestre.

À parte veremos quais as funções de cada Oficial e Membro da Administração.

O Candidato ingressa no recinto da Loja, por intermédio do padrinho, que o acompanha e toma, na Sala dos Passos Perdidos, os primeiros contatos com os Irmãos, que se mostram apáticos e não lhe dão importância alguma.

O padrinho o apresenta ao Mestre de Cerimônias, que o conduz a um local reservado onde o faz sentar e aguardar sozinho a chegada dos Expertos, que esclarecem ao Candidato que deverá preparar-se para a Iniciação, momento em que o despojam de parte de suas vestes e calçados, oferecendo-lhe um par de alpargatas.

Essas alpargatas podem diversificar-se em chinelos, os mais diversos, e servem para que o Candidato não ande descalço, por uma questão higiênica. Porém, na falta de chinelos, até que pode ficar descalço.

Todos os objetos que o Candidato conduz consigo deverão ser entregues aos Expertos; relógio, joias, moedas, dinheiro, documentos, enfim, todos os "materiais", e nisso é que se constitui o "despojamento"; esses materiais ou "metais" serão devolvidos após a Iniciação. Os Expertos esclarecem o Candidato a esse respeito.

Após alguns minutos de "humilhação", porque o Candidato estranha tudo aquilo, é vendado de modo que nada possa ver.

Assim, é conduzido para a Câmara de Reflexões; o trajeto é prolongado fazendo o Candidato percorrer corredores e salas até chegar à Câmara.

A Câmara é escassamente iluminada por uma lamparina ou lâmpada de poucos watts e a venda é retirada dos olhos do Candidato que pouco enxerga, mas suas pupilas já dilatadas pouco a pouco se ambientam e notam os símbolos existentes na Câmara.

Um detalhe importante: os Expertos apresentam-se "encapuzados" com aberturas apenas nos olhos; tal cobertura visa à não identificação pelo Candidato.

Pode ocorrer que o padrinho ou outros Irmãos sejam conhecidos do Candidato; assim, mantêm-se no anonimato.

O Candidato senta em um tosco banco e fica à mesa onde estão os papéis que deve ler. Esclarecido o que deve fazer, os Expertos retiram-se, fechando a porta de saída, de forma que o Candidato perceba que está sendo "encerrado" na Câmara. É informado que essa Câmara representa uma caverna, um túmulo.

Na Câmara, o Candidato permanece por um tempo suficiente para que possa compreender o significado dos papéis, preencher um questionário e elaborar um testamento. Concluída a permanência, os Expertos retornam e vendam o Candidato novamente e o conduzem para fora, deixando-o no mesmo local onde estivera antes.

Havendo mais de um Candidato, no máximo quatro ou cinco, Irmãos do Quadro são destacados para exercer o cargo de Expertos. Depois, cada Experto toma a seu cargo um Candidato e apresentam-se à porta do Templo, onde os aguarda o Mestre de Cerimônias.

Visto que os Candidatos têm os olhos vendados, os Expertos os conduzem pelo braço esquerdo e os guiam durante todas as provas e trajetos.

Concluídas as provas, retiradas as vendas dos Candidatos, os Expertos, que já retiraram os capuzes, tomam o seu lugar e os Candidatos são entregues ao Mestre de Cerimônias, que os instruem e os dirigem nos atos sucessivos.

Capítulo 6

Os Oficiais da Loja

Os Irmãos que dirigem a Loja são em número de vinte e dois, incluindo o ex-Venerável que toma assento à esquerda do Venerável em seu Trono.

Os administradores dividem-se em dois grupos, a saber: as Luzes, que são representadas pelo Venerável Mestre e pelos dois Vigilantes, e os Oficiais propriamente ditos.

Eis a nominata:
- Venerável Mestre
- Ex-Venerável
- Primeiro Vigilante
- Segundo Vigilante
- Orador
- Secretário
- Tesoureiro
- Chanceler
- Mestre de Cerimônias
- Hospitaleiro
- Primeiro Diácono
- Segundo Diácono
- Porta-Espada
- Porta-Estandarte
- Primeiro Experto
- Segundo Experto
- Guarda do Templo
- Cobridor
- Arquiteto

- Mestre de Banquete
- Mestre de Harmonia
- Bibliotecário

As Joias dos Dignitários e Oficiais são as seguintes:

- Venerável Mestre: Esquadro e Compasso num arco de círculo e, no centro, o Sol e o Olho Onividente.
- Primeiro Vigilante, um Nível
- Segundo Vigilante, um Prumo
- Secretário, duas Penas cruzadas
- Orador, um Livro aberto
- Tesoureiro, uma Chave
- Primeiro Diácono, um Malho
- Segundo Diácono, uma Trolha
- Mestre de Cerimônias, uma Régua
- Mestre de Banquete, dois Bastões cruzados
- Porta-Estandarte, um Estandarte
- Porta-Espada, uma Espada
- Guarda do Templo, duas Espadas cruzadas
- Expertos, um Punhal
- Cobridor, um Alfanje
- Hospitaleiro, uma Bolsa
- Arquiteto, Maço e Cinzel
- Mestre de Harmonia, uma Lira
- Bibliotecário, um Livro com uma Pena.

Para que uma Loja possa funcionar "justa e perfeita", são necessários sete Oficiais, incluindo-se as três Luzes, ou "pequenas luzes", como referem certos autores.

Os sete Oficiais são o Venerável Mestre, os Vigilantes, o Orador, o Secretário, o Primeiro Experto e o Guarda do Templo.

Com esses sete, a Loja pode funcionar. Todavia, na prática, esses Oficiais podem ser substituídos por outros Irmãos, sejam do Quadro, sejam Visitantes.

Cada Oficial traz suspensas, por uma fita ou colar, a Joia do cargo, que, com o Avental, faz parte do traje maçônico.

Os colares são em branco e azul-celeste, cores do Simbolismo e as Joias em metal dourado, visto que seria impraticável tê-las em ouro puro.

O VENERÁVEL MESTRE

O Venerável Mestre é a primeira Luz, o primeiro Oficial e o Presidente da Loja.

Faz-se necessário que o Venerável Mestre tenha exercido algum cargo precedente, como o de Orador ou de Vigilante, adquirindo, assim, experiência suficiente para desempenhar sua gestão.

Quando a Loja possuir o Quadro de Ex-Veneráveis, esse Colégio indicará os futuros Candidatos.

Na eleição somente votam os Mestres (somos do parecer que também os Aprendizes e Companheiros deveriam votar), e a votação é a majoritária e realizada por escrutínio secreto, elaborada uma chapa prévia que é submetida à Loja; podem concorrer quantas chapas forem organizadas, mas via de regra apresentam-se apenas duas, sendo uma da situação, ou seja, indicada pelo Colégio dos Ex-Veneráveis, e outra da oposição, elaborada por um grupo de Mestres.

A escolha para o Venerável é relevante que caia em Irmão esclarecido, conhecedor da Arte Real e que tenha franquia entre os Irmãos, pessoa estimada que seja, ao mesmo tempo, propenso a ser um líder.

Consoante a tradição, o Venerável Mestre deve cumprir os seguintes deveres:

1º) Sentir-se maçom, de preferência a qualquer outra formação doutrinária;

2º) Ser discreto, justo e interessado;

3º) Ser entusiasmado e interessado;

4º) Ser disciplinado, tolerante e apaziguador;

5º) Não ser invejoso, apaixonado, rancoroso e intrigante;

6º) Ser estudioso e meticuloso;

7º) Ser humilde e inteligente;

8º) Nas eleições, ter o comportamento de Magistrado;

9º) Não pleitear cargos ou posições dentro dos Escalões Superiores;

10º) Cumpridor dos Estatutos, Regulamentos e Constituições.

Como membro da Sociedade deve dela ser conhecedor e saber comportar-se nas tarefas próprias do Veneralato, representando a Loja com brio e brilhantismo.

Na condição de dirigente e guia espiritual, deve manter na Loja a harmonia desejada, sendo o Mestre dos Mestres, pronto a aconselhar e servir, mantendo a União e a Paz, não só com os membros do Quadro, mas com as Lojas coirmãs e a Administração da Grande Loja, respeitando o Grão-Mestre e Altos Dignitários.

Na parte social da Loja, deve comparecer às festividades organizadas pelas famílias dos Irmãos, visitá-los na enfermidade e procurar amenizar os problemas que possam surgir dentro da Loja.

Na parte administrativa, deve organizar a Loja, conservando o mobiliário, a Biblioteca, as Joias e Instrumentos, de conformidade com os princípios de higiene, orientando todos os demais Oficiais, em especial o Arquiteto.

Não descurar da parte patriótica, enaltecendo os vultos dos maçons do passado, as datas da Pátria, e fazer venerar o Pavilhão Nacional.

Na parte administrativa, deve organizar a Ordem do Dia para que os trabalhos sejam interessantes e a contento de todos; publicar, quando possível, o Boletim da Loja, onde inserirá a programação mensal.

Na parte espiritual, deverá manter elevado o nível espiritual dos Rituais, mantendo viva a Lenda de Hiram Abiff e as tradições da Maçonaria.

Deverá zelar a respeito da parte financeira, cuidando para que a Loja satisfaça as suas obrigações e os pagamentos das taxas e mensalidades, bem como não descurar quanto à Bolsa de Beneficência.

Como Coluna da Sabedoria, cumpre ao Venerável Mestre incentivar os Irmãos para que apresentem trabalhos literários, específicos ou não sobre a Arte Real, promovendo simpósios, debates e discussões em torno de temas de interesse comum para que a Loja se destaque, também, como reduto de conhecimentos e sabedoria, fortalecendo a parte espiritual e dando à Loja oportunidade de despertar a Fé no Grande Arquiteto do Universo.

Deverá estudar os Rituais, o seu desenvolvimento, a parte objetiva e filosófica. Junto às Assembleias Gerais, deverá apresentar teses e despertar o interesse da Loja quanto ao interesse comum da Jurisdição.

Na parte litúrgica, deverá promover os estudos a respeito dos Candidatos que forem apresentados, zelando para que as sindicâncias sejam rigorosas e fiéis, dentro dos princípios gerais da Ordem.

O eminente e saudoso escritor Nicola Aslan assim se refere à Venerança:

"O Venerável Mestre deve representar, entre os Irmãos da Loja, a Sabedoria que concebe, e seu papel é de jamais perder de vista a meta traçada e evitar extravios na procura da Verdade.

Procurará fazer abstração de suas preferências pessoais tendo em conta os sentimentos dos Irmãos da Loja, falando sempre e agindo em seu nome. Desta forma, será ajudado na sua difícil e espinhosa missão, pois sem a simpatia e o apoio da Loja, ser-lhe-á impossível desempenhar e cumprir as funções que lhe foram confiadas.

O Venerável Mestre deve dirigir a Loja segundo os ditames de sua consciência. Procurará atrair os Obreiros aos trabalhos, ministrando-lhes os mais amplos conhecimentos e ensinamentos maçônicos.

Terá todo o cuidado para que um Irmão carecendo de amparo jamais se afaste, desiludido, da porta da Loja. E, sobretudo, será para seus Irmãos um modelo de prudência, veracidade, cortesia e amor.

Será sempre um homem bom e de moral elevada. Um homem imoral jamais poderá pregar moral a outros nem um licencioso, pureza de Vida.

Nenhuma Loja poderá ser melhor do que seu Venerável Mestre, porque a influência de um Venerável Mestre imoral representará o destruição para a Oficina.

Um Venerável Mestre será sempre respeitador das Leis do país e será um guia para que elas sejam respeitadas e cumpridas, tendo em vista o bem público e a paz social. Respeitará, da mesma forma, e fará respeitar as Leis Maçônicas, posto que a Maçonaria é uma escola de disciplina. É inadmissível que um Venerável Mestre seja conspirador ou inimigo secreto de um governo. É tampouco inconcebível que possa tramar planos para o seu próprio engrandecimento à custa do País.

Um Venerável Mestre deve ser tolerante e afável; cauteloso e comedido; embora fervoroso, o seu espírito será aberto e agirá sempre com correção.

Deverá estar preparado, pelo estudo e pela meditação, e saber separar o joio do trigo, ao mesmo tempo que será capacitado a condenar impostores e renovadores.

Sabendo-se que a Maçonaria assenta suas bases sobre uma hierarquia, nela se aprende primeiro a obedecer para, em seguida, também ser obedecido; por isso, o Venerável Mestre respeitará seus superiores hierárquicos para que sua autoridade não venha a sofrer, por sua vez, discussão alguma.

Será sempre um maçom zeloso e amante da Verdadeira Maçonaria, propagando, sempre que lhe for possível, a sabedoria maçônica. Além disso, será preciso no conceito, conhecedor da literatura maçônica, e saberá dirigir a guerra contra o erro.

Será o mais assíduo Obreiro de Loja, porque nada desmoraliza mais uma Oficina do que as frequentes ausências do Venerável Mestre. Esse é um motivo para que a Loja peça ao Grão-Mestre para removê-lo do cargo.

Tornou-se um costume nas questões ordinárias, o Venerável Mestre não votar, mas utilizar sua prerrogativa de voto de Minerva sempre que houver empate na votação, porém não poderá fazê-lo nas votações secretas para não quebrar o devido sigilo.

A Joia do Venerável Mestre é o Esquadro, e este traça-lhe o seu dever: benevolência para com todos e rigorosa imparcialidade.

De fato, a linha vertical determinada pelo Esquadro não pende nem para a direita nem para a esquerda. O Venerável Mestre recebe, assim, da Geometria uma lição de escrupulosa equidade. Sentado no 'eixo' da Loja, ele é neutro, não indiferente, tornando-se desta forma o foco de concentração dos desejos não exprimidos e das aspirações comuns dos Obreiros.

Jamais comanda segundo o seu capricho, porém, unicamente como o intérprete fiel da vontade de todos. Sabe que para se fazer obedecer nada melhor do que nada querer para si mesmo.

A obediência absoluta é a única que pode conferir o soberano poder, e este é reservado ao Iniciado perfeito, àquele que sabe obedecer a si próprio e que sabe, como homem de bem, escutar a consciência esclarecida, permanecendo atento e comportando-se, em todas as coisas, segundo o Esquadro.

O Esquadro controla e talha as pedras, que só se ajustam entre si quando não regulamentares. Aplicando-o a si mesmo, o Venerável Mestre dá o exemplo de uma impecável sociabilidade, praticando magistralmente a arte de saber viver, que se traduz por uma constante afabilidade.

Dentro de Loja, ele coloca todos à vontade e em seus respectivos lugares. Nada exige que esteja além das forças ou capacidades dos Obreiros. Árbitro dos desentendimentos que podem surgir, ele é obrigado a mostrar-se conciliador com compreensão.

Abstração feita de preferências pessoais, aplica-se a discernir o justo, esquecendo-se de si próprio. Não se esquece de que, a partir do momento em que aceita a responsabilidade de dirigir os outros, ele não se pertence mais. A coletividade o inspira naquilo que ela tem de mais nobre e de mais elevado, pois não se poderia admitir a baixa demagogia numa fraternidade de homens dedicados ao bem e trabalhando na realização do progresso como artistas apaixonados pela sublimidade do seu ideal. O Chefe só representa o todo quando consente em não ser nada.

Dentro de Loja ninguém tem o direito de censurar o Venerável Mestre que, por isso, deverá estar à altura de fazer jus a esse grande privilégio.

Finalmente, para a boa marcha e prosperidade de uma Oficina, é desejável que o Venerável Mestre reúna em sua pessoa as seguintes qualidades indispensáveis:

1º) Possuir numerosos amigos, maçons e também profanos. Isto lhe permitirá organizar os trabalhos de sua Loja solicitando os Irmãos particularmente qualificados para tratar de certas questões e, se for necessário, até mesmo profanos.

2º) Ter autoridade. A autoridade adquire-se, geralmente, pelo prestígio; afirma-se pelas virtudes viris e humanas, principalmente pela coragem e competência, e perde-se pela mentira e falsidade. A autoridade manifesta-se também por um caráter acomodatício ao diálogo e aos relacionamentos humanos, mas firme nas decisões.

3º) Possuir erudição. Essa qualidade há de ser-lhe preciosa na escolha dos Trabalhos, visto que a sua bagagem intelectual há de permitir-lhe reconhecer onde se encontra o interesse de uma questão. Terá, assim, maior facilidade, quando do comentário do Trabalho da Loja para dele fazer uma síntese geral. Desta forma, o Irmão Orador poderá recolher, imediatamente, o fruto em conclusões melhor motivadas, para o maior proveito e agrado de todos os Irmãos".

Além dessa belíssima explanação, restam ainda algumas considerações a serem apresentadas quanto à tarefa do Venerável Mestre.

Na Sessão seguinte à sua posse, cumpre ao Venerável Mestre apresentar o seu plano de trabalho.

Esse plano deve ser elaborado na companhia do Ex-Venerável Mestre, dos Vigilantes e do Orador.

O plano deve ser abrangente e indicar a cada Oficial sugestões para que o trabalho em conjunto seja harmonioso.

Para tanto, o Venerável Mestre deverá conhecer com certa profundidade a capacidade de cada Oficial.

Seria recomendável, antes de apresentar o seu plano, reunir todos os Oficiais em Sessão administrativa e trocar opiniões.

Uma Loja deve apresentar uma programação atraente com a finalidade de atrair os Irmãos, dando-lhes conforto e a garantia de que nas próximas Sessões possa haver idêntico Trabalho.

Dentro do plano de Trabalho não pode ser descurada a música, tão necessária à espiritualidade; na parte intelectual, caso inexista a formação da Biblioteca, deve-se incentivar os Irmãos à leitura.

Deve zelar para que haja a formação da Cadeia de União (será comentado com maior profundidade), a fim de manter a harmonia espiritual e dar aos Irmãos do Quadro a assistência espiritual tão necessária.

Por ocasião dos giros, zelar para que haja momentos de meditação sob os sons musicais.

O intercâmbio com as outras Lojas é de suma importância para o estreitamento do relacionamento com os demais irmãos da Jurisdição.

O Venerável Mestre deverá convidar as Lojas coirmãs e, a seu turno, proceder as visitas, seja destacando comissões específicas, seja levando a Loja em conjunto, em especial dando força às Lojas coirmãs nas Sessões magnas de Iniciação.

A parte social não pode ser descurada; Sessões "brancas" festivas, comemorações de datas da Loja e das Luzes, datas cívicas e de cunho religioso universal. Almoços e jantares são salutares, uma vez que, ao redor da mesa, as amizades estreitam-se.

A Loja é a parte especial da Família Maçônica, e o Venerável Mestre é seu guia espiritual, de modo que os familiares merecem consideração e interesse.

Deve-se reunir as senhoras para efeitos sociais e de trabalho social, nas noites das Sessões, acompanhando, assim, os maridos.

Deve-se apoiar os movimentos paramaçônicos, como os Capítulos De Molay e as Filhas de Jó, quando os filhos de maçons e filhos de profanos reúnem-se em torno de um ideal comum que é a orientação da juventude. Esses trabalhos paramaçônicos já estão em franco desenvolvimento e merecem intenso apoio dos Veneráveis Mestres. Procurar criar nas Lojas esses Capítulos e solicitar dos Obreiros a colaboração indispensável. Preservar a mocidade, preparando-a para a maioridade, é um trabalho dignificante, maçônico.

EX-VENERÁVEL MESTRE OU *PAST-MASTER*

A experiência de um Venerável Mestre que exerceu o cargo durante um ou mais anos, com eficiência e a contento da Loja, não pode ser desprezada, tanto que o Ex-Venerável Mestre senta-se à esquerda, no Trono, ao lado do Venerável Mestre, atento à direção dos trabalhos, sempre pronto a auxiliar, sugerir ou corrigir. Trata-se de uma tarefa relevante.

O Ex-Venerável, além de sua novel posição, passa a fazer parte do Colégio dos Ex-Veneráveis, onde – em conjunto – torna-se a força moral, experimental e espiritual da Loja. Cabe a ele orientar a Loja, dirimir as questões que estão fora do alcance do Venerável Mestre, sugerir a escolha da futura gestão da Loja e intervir em todos os assuntos graves que por acaso possam surgir.

No que diz respeito ao assento, alguns autores referem que deverá ser à direita e outros à esquerda do Venerável Mestre. Preferimos que se assente à esquerda, uma vez que a poltrona da direita pertence ao Grão-Mestre, nas suas periódicas visitas e a visitantes ilustres.

Na eventual ausência do Venerável Mestre, geralmente, ele é substituído pelo Ex-Venerável Mestre.

A rigor, seria pelo Primeiro Vigilante, porém será prudente que o substituto seja um irmão experiente. Caso o Primeiro Vigilante seja um Ex-Venerável Mestre, então é recomendável a sua substituição.

O Ex-Venerável Mestre imediato não deve ocupar nenhum lugar em Loja como titular de cargo; deve ficar à disposição do Venerável Mestre, para auxiliá-lo na condução dos trabalhos.

O Ex-Venerável Mestre porta uma Joia específica: a 47ª Proposição de Euclides, ou seja, um triângulo sagrado comportando sobre cada um dos lados um quadrado com o número de pontos ao lado, sendo que o maior é a soma dos dois anteriores. É assim demonstrado: que 3º mais 4º é igual a 5º, ou seja 9+16=25.

A função específica do Ex-Venerável Mestre é "abrir" o Livro da Lei Sagrada.

O Ex-Venerável poderá ser eleito na próxima gestão para qualquer cargo da Loja, até o do próprio Venerável Mestre.

Um ativo Ex-Venerável dá segurança à Loja e tranquilidade ao Venerável Mestre, atuando como Conselheiro maior; sua presença reforça as Colunas em todos os sentidos.

Como "oficiante" ao abrir o Livro da Lei Sagrada colabora com a sua experiência espiritual, que se estende por mais uma gestão; na realidade, ele passa a ser "oficiante" dúplice, com a prorrogação de sua missão de fornecer a Luz à Loja, fazendo a leitura bíblica do trecho destinado ao Grau.

Face a esse posicionamento, o Ex-Venerável Mestre merece todo o respeito dos Irmãos e tratamento carinhoso, fazendo jus à denominação de Venerável de Honra.

Por qualquer impedimento definitivo do Venerável Mestre, ele assume a direção da Loja, e como Mestre Instalado assume todas as prerrogativas do cargo.

OS VIGILANTES

O Trono possui três poltronas que deveriam ser ocupadas pelos Vigilantes; a da direita, pelo Primeiro Vigilante, e a da esquerda, pelo Segundo Vigilante que, na realidade, "deslocam-se" e vão procurar seus Tronos no Norte e no Sul, comandando as Colunas do Norte e do Sul.

O Venerável Mestre, com os dois Vigilantes, formam um corpo místico "uno"; essas três Luzes, ou Pequenas Luzes, empunham Malhetes por meio dos quais expedem suas ordens: o Venerável Mestre a toda a Loja e os Vigilantes às suas Colunas.

No Trono da parte do Oriente, existem apenas três poltronas ou Tronos. Não se deve confundir a mesa dos trabalhos com o Trono. Ao lado do Trono, podem ser colocadas outras poltronas para receber Autoridades e visitantes, mas sob o Dossel, existem apenas três poltronas. As pertencentes aos Vigilantes, que ficam "vagas" pelo deslocamento dos titulares, passam a ser ocupadas pelo Venerável de Honra e pelo Grão-Mestre; na ausência desses, o Venerável convida alguma Dignidade presente ou mesmo algum Mestre Instalado. Não convém que o Trono seja ocupado somente pelo Venerável.

Por ordem hierárquica, os Vigilantes seguem o Venerável Mestre.

Os Vigilantes ficam na dependência direta do Venerável; nenhum outro Oficial poderá ditar-lhes ordens; em suas Colunas, os Vigilantes são a autoridade máxima e comandam o desenrolar dos Rituais.

Situados em seus Tronos, os Vigilantes têm o privilégio de usar dos Malhetes que empunham e falar sentados.

Quando necessário e pela ordem, os Vigilantes têm prioridade da palavra que solicitam, dando antes um golpe sobre a mesa do Trono com o Malhete.

Por uma questão hierárquica é o Venerável Mestre que instrui todos os Irmãos presentes em Loja; os Vigilantes têm a função de instruir os Irmãos de sua Coluna.

No que diz respeito à astronomia, o Sol surge do Oriente, onde tem assento o Venerável Mestre, passando em seguida ao Meio-dia, onde assenta o Segundo Vigilante, para depois se pôr no Ocidente, onde se situa o Primeiro Vigilante. Portanto, as três Luzes originam-se de uma única fonte, o que acentua constituírem, Venerável Mestre e Vigilantes, um único foco.

Nicola Aslan tece críticas referentes à disposição das atribuições dos Vigilantes, uma vez que competiria ao Segundo Vigilante instruir os Aprendizes e ao Primeiro Vigilante instruir os Companheiros.

Aceitamos, todavia, a atual disposição, pois não se cogita aqui do posicionamento hierárquico, mas da importância em instruir os Aprendizes que, por nada conhecerem, precisam de maior cuidado em seu aprendizado.

Ainda, sob o aspecto astronômico, os Aprendizes não necessitam da Luz forte do meio-dia, eis que, praticamente, estão na escuridão ou na penumbra; a Luz lhe é dada pouco a pouco.

Tanto os Companheiros como os Aprendizes não podem falar a não ser que peçam, por intermédio dos Vigilantes, permissão ao Venerável Mestre, que é o único que pode autorizá-los. Quando os Companheiros e Aprendizes devem apresentar trabalhos, deslocam-se de suas Colunas, situam-se entre Colunas e cumprem sua missão, sempre sob o olhar autoritário dos Vigilantes. Porém, antes de se dirigirem entre Colunas devem, para tanto, ser autorizados pelo Venerável Mestre por intermédio dos Vigilantes.

A raiz da palavra Vigilante é "vigiar", e a função desses dois Oficiais é "vigiar" as suas Colunas. Não haveria propriamente necessidade dessa "vigilância", pois nenhum maçom cometeria qualquer deslize a ponto de ser repreendido.

A vigilância aqui é mais no sentido místico, aliado às posturas que devem ser sempre mantidas corretamente.

A vigilância diz respeito ao fato de constatar se na realidade todos os ocupantes das Colunas são maçons.

Não se deve confundir o maçom com o Membro do Quadro; maçom no aspecto espiritual; o revestimento mental, a disposição de cultuar o Grande Arquiteto do Universo; a transformação do indivíduo em elo de uma corrente espiritual que visa ao amor fraternal.

PRIMEIRO VIGILANTE

O Primeiro Vigilante tem assento no Ocidente; seu Trono eleva-se sobre dois degraus (um a menos que o Trono do Venerável Mestre).

Aos pés do estrado está colocada a Pedra Bruta.

Na mesa há uma Coluneta de madeira ou de metal que permanece abaixada e que o Primeiro Vigilante levanta no início dos trabalhos. A Coluneta representa a força e é da Ordem Dórica.

Cumpre ao Primeiro Vigilante manter a disciplina da Loja, admoestando os negligentes e repreendendo os faltosos.

O Primeiro Vigilante executa diretamente as ordens do Venerável Mestre.

O Trono vem adornado com um Nível.

A ele cumpre ordenar a entrada e a saída dos Obreiros da Loja.

O Primeiro Vigilante, ao receber o nível do Venerável Mestre, recebe-o com as seguintes palavras: "O Nível significa que, não obstante o elevado cargo que ides ocupar, nunca vos deveis esquecer que em todas as coisas concernentes à Maçonaria, todos os nossos Irmãos estão no mesmo Nível que vós".

O Primeiro Vigilante dá o "equilíbrio" à Loja.

Ele tem dois deveres a cumprir: verificar se o Templo está a coberto e se todos os presentes são maçons.

"Materializando" a "cobertura", ordena ao Guarda do Templo que verifique se a porta está fechada. Feita a verificação, passa a observar quanto à cobertura espiritual; se todos os presentes demonstram ser portadores da Luz espiritual; se há harmonia, disciplina e amor.

"Cobertura" significa a proteção do Grande Arquiteto do Universo; se pela entrada nenhuma força do maligno ousou penetrar; o "manto" que Deus usa para cobrir os Irmãos reunidos em seu nome; a proteção divina, o isolamento místico para capacitar todos os presente a receberem as benesses celestiais.

"Sentindo" essa "cobertura", o Primeiro Vigilante comunica ao Venerável Mestre que o Templo está a coberto.

O Primeiro Vigilante é o único Oficial que tem deveres a cumprir; cumprindo o primeiro dever, segue seu trabalho, para verificar se todos os presentes são maçons.

Sai do Trono, percorre as Colunas e fixa seu olhar nos olhares dos presentes, "retina na retina", com a finalidade de se certificar se na realidade ele está na presença de um maçom.

Ser maçom é um estado de consciência; não basta estar inscrito no Quadro da Loja. O maçom deve demonstrar a sua condição de se comunicar espiritualmente, de modo místico, com o Primeiro Vigilante.

Se algum Irmão, ao ingressar na Loja, mantiver algum desagravo com outro Irmão e ódio em seu coração, obviamente não será um comportamento fraternal; não haverá na pessoa o maçom desejado.

O Primeiro Vigilante, investido no cargo, transforma-se em uma espécie de "vidente" e passará a enxergar, com sua terceira visão, as mazelas que porventura exsurgirem da pessoa do Irmão que acredita ser maçom, mas que, na realidade, não o é.

Existindo alguma desavença entre os Irmãos, essa disposição negativa deve ser imediatamente suprimida, por ocasião da estada no Átrio. Ninguém poderá entrar no Templo se seu coração tiver mágoas contra um Irmão.

No Templo não há lugar para malquerenças; não se deve esquecer que, além de cultuar o Grande Arquiteto do Universo, o Irmão presta culto ao amor fraternal.

A observação do Primeiro Vigilante, aparentemente, ele não a exerce sobre os ocupantes do Oriente; não se deve esquecer o que já foi referido, que uma das poltronas do Trono pertence ao Vigilante, e, por esse motivo, ele estará presente também no Oriente, uma vez que sob o aspecto espiritual o espaço bem como o tempo não existem.

Após cumpridos os deveres, o Primeiro Vigilante responde ao Venerável Mestre o motivo pelo qual ele se encontra no Oriente, dizendo: "Assim como o Sol nasce no Oriente para fazer sua carreira e iniciar o dia, assim, aí fica o Venerável Mestre para abrir a Loja, dirigir-lhe os trabalhos e esclarecê-la, com as luzes de sua sabedoria, nos assuntos da Sublime Instituição".

Com essa resposta, o Primeiro Vigilante esclarece à Loja o papel desempenhado pelo Venerável Mestre.

E, a seguir, dá a função de cada um dos presentes, afirmando: "Nos reunimos aqui para combater a tirania, a ignorância, os preconceitos e os erros; glorificar o Direito, a Justiça e a Verdade; para promover o bem-estar da Pátria e da Humanidade, levantando Templos à Virtude e cavando masmorras ao vício".

Termina sua intervenção esclarecendo sobre o tempo dos trabalhos dizendo ser "do meio-dia à meia-noite".

Uma das funções do Primeiro Vigilante, ao término da Sessão, é "fechar a Loja, pagar os Obreiros e despedi-los contentes e satisfeitos".

No Templo os Obreiros "trabalham" e, assim, fazem jus a um salário; obviamente, trata-se de uma ficção literária se tomarmos as palavras no sentido material.

Contudo, o trabalho do "desbastar a Pedra Bruta" é místico e espiritual.

O trabalho será o efetivado em Loja, ou seja, a contribuição de todos para que a Sessão tenha sido profícua.

Esse pagamento é silencioso; o silêncio é a aprovação espiritual, tanto que os Obreiros anunciam com satisfação o "recebimento" desse salário.

Esse anúncio é feito batendo com a mão direita sobre o Avental; no entanto, os Oficiais não fazem esse gesto porque não são considerados Obreiros.

A resposta do Primeiro Vigilante à pergunta do Venerável Mestre sobre se os Obreiros estão satisfeitos será: "Assim o afirmam em ambas as Colunas".

Os Irmãos que ocupam o Oriente, seja por serem ex-Veneráveis, visitantes ou Altos Dignitários, não demonstram esse contentamento.

A seguir, o Primeiro Vigilante dá a sua "idade" ao Venerável Mestre confirmando, assim, o Grau em que está trabalhando e afirmando que: "Tudo está justo e perfeito em ambas as Colunas".

Essa afirmação equivale a dizer que os trabalhos transcorreram tranquilamente e com grande proveito, e que a Justiça e a Perfeição reinam na Loja.

Finalmente, o Primeiro Vigilante recebe do Venerável Mestre a incumbência de fechar a Loja.

A Lojá é fechada com o fechamento do Livro Sagrado e com a seguinte frase proferida pelo Primeiro Vigilante: "Em nome do Grande Arquiteto do Universo e em honra a São João, nosso patrono, está fechada esta Loja de..."

O Primeiro Vigilante "abaixa a Coluneta" de seu Altar e acompanha a saída do Venerável Mestre, reunindo-se com os Irmãos no Átrio, onde se despoja do Avental e do Colar, passando todos à Sala dos Passos Perdidos onde, completamente "recarregados", os Irmãos preparam-se para retornar ao mundo profano.

Antes de deixar o Templo, é procedida a formação da Cadeia de União, postando-se o Primeiro Vigilante ao lado direito do Venerável Mestre.

Em capítulo a parte, esclareceremos a respeito do "Patrono da Maçonaria" e da Cadeia de União.

O Primeiro Vigilante não se limita ao trabalho dentro do Templo, mas supervisiona todos os Aprendizes, orientando-os no estudo, corrigindo-os, auxiliando-os na preparação dos seus trabalhos, recomendando ao Venerável Mestre o aumento dos salários, ou seja, a passagem para o Grau seguinte.

Há uma corrente que diz que essa função do Primeiro Vigilante pertenceria ao Segundo Vigilante; na prática, porém, e atualmente, o Primeiro Vigilante como "comandante" da Coluna do Norte, onde têm assento os Aprendizes, é quem se encarregará da instrução e vigilância dos mesmos.

∗∗∗

O Primeiro Vigilante participa ativamente das Instruções (em número de cinco) a serem dadas aos Aprendizes, a saber:

Venerável – Ao explicar o Painel da Loja:

Primeiro Vigilante – Sustentam nossa Loja três grandes Colunas, denominadas: Sabedoria, Força e Beleza.

A Sabedoria deve nos orientar no caminho da vida; a Força, nos animar e sustentar em todas as dificuldades, e a Beleza, adornar todas as nossas ações, nosso caráter e nosso espírito.

O Universo é o Templo da Divindade, a quem servimos; a Sabedoria, a Força e a Beleza estão ao redor de seu Trono, como pilares de suas Obras. E sua Sabedoria é infinita, sua Força onipotente e sua Beleza manifestam-se em toda a Natureza pela simetria e pela ordem.

Estas três Colunas representam também:

Salomão, pela sabedoria em construir, completar e dedicar o Templo de Jerusalém a serviço de Deus; Hirão, rei de Tiro, pela Força que deu aos trabalhos do Templo, fornecendo homens e materiais, e Hiram Abiff, por seu primoroso trabalho em adorná-lo, dando-lhe Beleza sem par, até hoje nunca atingida.

A essas Colunas foram dadas três ordens de Arquitetura: a Jônica, para representar a Sabedoria; a Dórica, significando a Força e a Coríntia, simbolizando a Beleza.

Todo esse simbolismo nos indica que, na obra fundamental de nossa construção moral, devemos trazer para a superfície, para a Luz, todas as possibilidades das potências individuais despojando-nos das ilusões da personalidade.

E, nesse trabalho, só poderemos ser sábios se possuirmos a Força, porque a Sabedoria exige sacrifícios que só podem ser realizados pela Força, mas ser Sábio com Força sem ter Beleza é triste, porque é a Beleza que abre o mundo inteiro à nossa sensibilidade.

O teto das Lojas Maçônicas representa a Abóboda Celeste, de cores variadas. O caminho para atingir essa Abóboda, isto é, o Céu e o Infinito, é representado pela Escada existente no Painel da Loja, conhecida como Escada de Jacó, nome que, como fiel guardiã das antigas tradições, a Maçonaria conserva. Composta de muitos degraus, cada um deles representa uma das Virtudes exigidas ao maçom para caminhar em busca da perfeição moral. Em sua base, dentro e topo, destacam-se três símbolos, muito conhecidos do mundo profano: Fé, Esperança e Caridade, virtudes morais que devem ornar o espírito e o coração de qualquer ser humano, principalmente do maçom, que não se esquecerá, jamais, de depositar Fé no Grande Arquiteto do Universo; Esperança no aperfeiçoamento moral e Caridade para com os seus semelhantes.

A Fé e a Sabedoria do espírito, sem a qual o homem nada levará a termo; a Esperança é a Força do espírito, amparando-o e animando-o nas dificuldades encontradas no caminho da vida, e a Caridade é a Beleza que adorna o espírito e o coração bem formados, fazendo com que neles se abriguem os mais puros sentimentos humanos.

*
* *

Venerável – Irmão Primeiro Vigilante, que há de comum entre nós?
Primeiro Vigilante – Uma Verdade, Venerável Mestre.
Venerável – Que Verdade, meu Irmão?
Primeiro Vigilante – A existência de um Grande Arquiteto, criador do Universo, de tudo que existiu, existe e existirá.
Venerável – Como sabeis disso, meu Irmão?
Primeiro Vigilante – Porque, além dos órgãos de nosso ser material, o Ente Supremo nos dotou de inteligência, que nos faz discernir o Bem do Mal.
Venerável – Essa faculdade, a que chamais inteligência, é independente de nossa organização física?
Primeiro Vigilante – Ignoro, Venerável Mestre. Creio, porém, que como nossos sentidos, ela é suscetível de progresso e de aperfeiçoamento, tendo sua infância, adolescência e maturidade. Rudimentar, nas crianças, manifesta-se nos adultos, aperfeiçoa-se e eleva-se progressivamente ao mais alto grau de concepção.
Venerável – A inteligência é suficiente para discernir o Bem do Mal?
Primeiro Vigilante – Sim, quando dirigida por uma sã moral.
Venerável – Onde encontramos os ensinamentos dessa moral?
Primeiro Vigilante – Na Maçonaria, porque aqui se ensina a Moral mais pura e mais propícia à formação do caráter do homem, quer considerado sob o ponto de vista social, quer sob o individual.
Venerável – Irmão Primeiro Vigilante, como fostes recebido maçom?
Primeiro Vigilante – Nem nu, nem vestido. Despojaram-me de todos os metais e vendaram-me os olhos, a fim de que ficasse privado da vista.
Venerável – O que significa isto, meu Irmão?

Primeiro Vigilante – Vários são os significados. A privação dos metais faz lembrar o homem, antes da civilização, em seu estado natural, quando desconhecia as vaidades e o orgulho; a obscuridade em que me achava imerso figurava o homem primitivo na ignorância de todas as coisas.

Venerável – Quais as deduções morais que tirais dessa alegoria?

Primeiro Vigilante – A abdicação das vaidades profanas e a necessidade imprescindível de instrução, que é o alicerce da Moral Humana.

Venerável – O que significa o ruído de armas, que ouvistes em vossa segunda viagem?

Primeiro Vigilante – Representa a idade da ambição; os combates que a Sociedade é obrigada a sustentar, antes de chegar ao estado de equilíbrio; as lutas que o homem é forçado a travar e vencer para se colocar dignamente, entre seus semelhantes.

Venerável – Por que encontrastes facilidades em vossa terceira viagem?

Primeiro Vigilante – Porque esta nos mostra o estado de paz e de tranquilidade resultante de ordem e da moderação das paixões do homem, que atinge a idade da maturidade e de reflexão.

Venerável – O que representam as três Portas em que batestes?

Primeiro Vigilante – As três disposições necessárias à procura da Verdade: Sinceridade, Coragem e Perseverança.

Venerável – O que vos aconteceu em seguida?.

Primeiro Vigilante – Ajudaram-me a dar três passos num quadrilongo.

Venerável – Para quê, meu Irmão?

Primeiro Vigilante – Para fazer-me compreender que o primeiro fruto do estudo é a experiência e que esta é que torna o homem prudente.

Venerável – O que vos deram depois?

Primeiro Vigilante – A Luz.

Venerável – Quais são os indícios pelos quais se reconhecem os maçons?

Primeiro Vigilante – Além dos atos que praticam, revelando o influxo da Moral ensinada em nossos Templos, eles se reconhecem pelos "sinais".

Venerável – Como é "coberta" nossa Loja?

Primeiro Vigilante – Por uma abóbada azul, semeada de estrelas e nuvens na qual circulam o Sol, a Lua e inúmeros outros astros, que se conservam em equilíbrio pela atração de uns sobre os outros.

Venerável – Quais são os sustentáculos dessa abóbada?

Primeiro Vigilante – Doze lindas Colunas.

Venerável – O que representam essas Colunas?

Primeiro Vigilante – Os doze signos do Zodíaco, isto é, as doze constelações que o Sol percorre no espaço de um ano solar.

Venerável – O que se nota mais em nossa Loja?

Primeiro Vigilante – Diversas figuras alegóricas, cuja significação me foi explicada:

1ª) o Pórtico, elevado sobre degraus e ladeado por duas Colunas, sobre cujos Capitéis descansam três romãs abertas, mostrando suas sementes;

2ª) a Pedra Bruta;

3ª) a Pedra Cúbica;

4ª) o Esquadro, o Compasso, o Nível e o Prumo;

5ª) o Malho e o Cinzel;

6ª) o Painel da Loja;

7ª) ao Oriente, o Sol, e ao Ocidente, a Lua;

8ª) o Pavimento Mosaico.

Venerável – O que significa o Ocidente em relação ao Oriente?

Primeiro Vigilante – Oriente indica o ponto de onde provém a Luz, e o Ocidente, a região para a qual ela se dirige. O Ocidente representa, portanto, o mundo visível que nossos sentidos alcançam, e, de um modo geral, tudo o que é material; o Oriente simboliza o mundo invisível, tudo o que é abstrato, isto é, o mundo espiritual.

Venerável – O que quer dizer a Pedra Bruta?

Primeiro Vigilante – Representa o homem sem instrução, com suas asperezas de caráter, devido à ignorância em que se encontra e às paixões que o dominam.

Venerável – E a Pedra Polida, o que representa?

Primeiro Vigilante – O homem instruído que, dominando as paixões e abandonando os preconceitos, se libertou das asperezas de Pedra Bruta que poliu.

Venerável – O que vos recordam o Esquadro, o Compasso, o Nível e o Prumo?

Primeiro Vigilante – Por serem instrumentos imprescindíveis às construções sólidas e duráveis, eles nos recordam o papel de construtor social que é de todos os maçons e, ao mesmo tempo, nos traçam as normas pelas quais devemos pautar nossa conduta; o Esquadro, para a retidão; o Compasso, para a justa medida; o Nível e o Prumo, para a igualdade e a justiça que devemos aos nossos semelhantes.

Venerável – E o Pavimento Mosaico, com a Orla Dentada, o que significa?

Primeiro Vigilante – O Mosaico representa a variedade do solo terrestre; formado de pedras brancas e pretas, ligadas pelo mesmo "cimento", simboliza a união de todos os maçons, apesar das diferenças de cor, de climas e de opiniões políticas e religiosas. É também a imagem do Bem e do Mal, de que se acha semeada a estrada da vida. A Orla Dentada, que o cerca, exprime a união que deverá existir entre todos os homens, quando o Amor Fraternal dominar todos os corações.

Venerável – O que se faz em nossa Loja?

Primeiro Vigilante – Levantam-se Templos à Virtude e cavam-se masmorras ao vício.

⁂

Venerável – Irmão Primeiro Vigilante, entre mim e vós, existe alguma coisa?

Primeiro Vigilante – Sim, um culto, que é um segredo, que é a Maçonaria.

Venerável – O que é a Maçonaria?

Primeiro Vigilante – Uma associação íntima de homens escolhidos, cuja doutrina tem por base o Grande Arquiteto do Universo, que é Deus; como regra, a Lei Natural; como causa, a Verdade, a Liberdade e Lei Moral; como princípio, a Igualdade, a Fraternidade e a Caridade; como frutos, a Virtude, a Sociabilidade e o Progresso; por fim, a felicidade dos povos, que incessantemente ela procura reunir sob sua bandeira de paz. Assim, a Maçonaria nunca deixará de existir, enquanto houver o gênero humano.

⁂

Venerável – Podeis explicar-me, Irmão Primeiro Vigilante, a interpretação de tudo o que ouviste falar em Loja?

Primeiro Vigilante – "A venda sobre os olhos" significa as trevas e os preconceitos do mundo profano e a necessidade que os homens têm de procurar a Luz entre os Iniciados. O pé direito calçando alpargata era para manifestar o respeito por este lugar sagrado. O braço direito e o pé esquerdo desnudos exprimiam que eu dava o meu braço à instituição e meu coração aos meus Irmãos. A ponta do Compasso sobre o peito lembrava-me a vida profana, na qual nem os meus sentimentos nem meus desejos foram regulados por esse símbolo da exatidão, que, desde então, regula meus pensamentos e ações. O Compasso simboliza as relações do maçom com seus Irmãos e com os demais entes; fixada uma de suas pontas, descreve, pelo maior ou menor afastamento das pernas, círculos sem conta, imagens de nossa Loja e da Maçonaria, cujo extenso domínio é infinito.

Os três Passos, formando cada um e a cada junção dos pés um ângulo reto, significam que a retidão é necessária a quem deseja vencer na ciência e na virtude.

As três Viagens simbolizam a conquista de novos conhecimentos.

O número três indica os centros: Pérsia, Fenícia e Egito, onde foram, primitivamente, cultivadas as ciências. As purificações feitas no decurso das viagens lembram-me que o homem não é bastante puro para chegar ao Templo da Filosofia.

A idade do Aprendiz é de três anos, porque na Antiguidade esse era o tempo necessário do seu preparo; a idade significa, também, o Grau maçônico.

A Pedra Bruta é o emblema do Aprendiz, de tudo que se encontra no estado imperfeito de sua natureza. As duas Colunas são tidas como de 18 côvados de altura, 12 de circunferência, 12 de base e cinco nos Capitéis, num total de 47, número igual aos das constelações e dos signos do Zodíaco ou no mundo celeste.

Suas dimensões estão contra todas as regras de arquitetura, para nos mostrar que a Sabedoria e o Poder do Divino Arquiteto estão além das dimensões e dos julgamentos dos homens; são de bronze para resistir ao Dilúvio, isto é, a barbárie, pois o bronze é o emblema da eterna estabilidade das Leis da Natureza, base da Doutrina Maçônica.

São ocas para guardar os utensílios apropriados aos conhecimentos humanos; enfim, as romãs são símbolos equivalentes ao feixe de Esopo; milhares de sementes contidas no mesmo fruto, num mesmo germe, numa mesma substância, num mesmo invólucro, imagem do povo maçônico, que por mais multiplicado que seja, constitui uma e a mesma Família. Assim, a romã é o símbolo de harmonia social, porque só com as sementes, apoiadas umas às outras, o fruto toma sua verdadeira forma.

O Pavimento Mosaico, emblema de variedade do solo, formado de pedras brancas e pretas, unidas pelo mesmo cimento, simboliza a união de todos os maçons do globo, apesar da diferença de tonalidades, de climas e de opiniões políticas e religiosas; é a imagem do Bem e do Mal, de que está repleto o caminho da vida.

∗
∗ ∗

Venerável – Por que a Maçonaria combate a ignorância em todas as suas formas?

Primeiro Vigilante – Porque a ignorância é a mãe de todos os vícios e seu princípio é nada saber; saber mal o que sabe e saber outras coisas além do que deve saber.

Assim, o ignorante não pode se medir com o sábio, cujos princípios são a Tolerância, o Amor Fraternal e o Respeito a si mesmo. Eis por que os ignorantes são grosseiros, irascíveis e perigosos; perturbam e desmoralizam a Sociedade, evitando que os homens conheçam seus direitos e saibam, no cumprimento de seus deveres, que mesmo com instituições liberais, um povo ignorante é escravo. São os inimigos do progresso, que, para dominar, afugentam as luzes, intensificam as trevas e permanecem em constantes combates com a Verdade, contra o Bem e contra a Perfeição.

Venerável – Que solidariedade é a que deve existir entre nós?

Primeiro Vigilante – É a solidariedade mais pura e fraternal, mas somente para com os que praticam o Bem e sofrem os espinhos da vida; para os que nos trabalhos lícitos e honrados são infelizes, para os que, embora rodeados de fortuna, sentem na alma as amarguras das desgraças; enfim, a solidariedade maçônica está onde estiver uma causa justa.

Venerável – Não jurastes, então, defender e socorrer vosso Irmão?

Primeiro Vigilante – Jurei, sim, Venerável Mestre, e, sempre que posso, correspondo a esse juramento. Quando, porém, um

Irmão esquecido dos princípios e dos ensinamentos maçônicos se desvia da moral, que nos fortifica para se tornar mau cidadão, mau esposo, mau pai, mau filho, mau Irmão, mau amigo; quando, cego pela ambição ou pelo ódio pratica atos que consideramos indignos de um maçom, ele e não nós, rompeu a solidariedade que nos unia e que não mais poderá existir, porque, se assim a praticássemos, seria pactuarmos com ações de que a simples conivência moral nos degradaria; por isso, o maçom que assim procede deixou de ser Irmão, perdeu todos os direitos ao nosso auxílio material e, principalmente, ao nosso amparo moral.

Venerável – Não deveis, porém, dar preferência, na vida pública, a um Irmão da Ordem a um profano?

Primeiro Vigilante – Em igualdade de circunstâncias, é meu dever preferir um Irmão, sempre que, para fazê-lo, não cometa uma injustiça que fira a minha consciência. Os ensinamentos de nossa Ordem nos obrigam a proteger um Irmão em tudo o que for justo e honesto. Não será justo nem honesto proteger o menos digno, mesmo que seja Irmão preterindo os mais sagrados direitos do mérito e valor moral e intelectual.

Venerável – Então, sistematicamente, não favoreceis a um Irmão?

Primeiro Vigilante – Sem boas e justas razões, não. Nossa Ordem nos ensina a amar a Pátria e, portanto, a sermos bons cidadãos. Não o seríamos nem nos poderíamos julgar merecedores desse nobre título e da confiança de nossos Irmãos, se ao bem público antepuséssemos os interesses de uma pessoa menos apta ou menos digna de trabalhar pelos interesses da Sociedade e da Pátria.

Venerável – Como, então, a voz pública acusa os maçons de progredirem no mundo profano, graças ao sistema de recíproca proteção?

Primeiro Vigilante – São afirmações dos que, não conhecendo a razão das coisas, julgam incondicional nossa solidariedade. Se há maçons que galgam posições elevadas e de grandes responsabilidades sociais, a razão se oculta, evidentemente, no seguinte: nossa Ordem não acolhe profano, sem antes, examinar-lhe inteligência, caráter e probidade. Daí, é natural que, de nossa Ordem, cuidadosamente selecionada, surjam cidadãos que se destaquem por suas qualidades pessoais, tornando-se, assim, dignos de serem aproveitados na conquista do progresso e da felicidade do povo.

Venerável – Concluís, então, que em nossa Ordem não surgem às vezes desonestos?

Primeiro Vigilante – Nada é perfeito no mundo. Não deixo de reconhecer que, muitas vezes, temos nos enganado na escolha de alguns elementos apesar do rigor de nossas sindicâncias. Assim, infelizmente, maus maçons, com o fito de tirar proveito pessoal de nossa Associação, têm-se infiltrado em seu seio. Alguns, pela natural influência da vida e de amizades maçônicas, regeneram-se e transformam-se em bons e proveitosos Obreiros.

Para os que são insensíveis à ação de nossa moral e de nossos princípios, nossa Lei nos fornece meios seguros e prontos de separarmos o joio do trigo, o que devemos fazer sem temor nem vacilação. É, portanto, pela exclusão dos elementos refratários aos ensinamentos austeros e elevados dos princípios maçônicos que podemos fortificar nossas Colunas.

Venerável – Em que consiste, então, nossa Fraternidade?

Primeiro Vigilante – Em educarmo-nos, instruirmo-nos, corrigindo nossos defeitos e sendo tolerantes para com as crenças religiosas e políticas de cada um.

Nossa Fraternidade nos ensina a dar e não a pedir, sem justa necessidade.

∴

Venerável – Explicai-nos, Irmão Primeiro Vigilante, o simbolismo do número um.

Primeiro Vigilante – O número um, a unidade, é o princípio dos números, mas a unidade só existe pelos outros números. Todos os sistemas religiosos orientais começaram por um "ser primitivo". Conquanto esta abstração não tenha, positivamente, uma existência real, tem contudo um lado positivo, que o torna suscetível de uma existência definida: é o que os antigos denominavam *pothos*, isto é, o desejo ou a ação de sair do "absoluto", a fim de entrar no real considerado por nós concreto.

Nos sistemas panteístas, nos quais a divindade é confundida com unidade, com o "todo", ela tem o nome de "unidade".

A unidade só é compreendida por efeito do número "dois"; sem este, torna-se idêntica ao "todo", isto é, identifica-se com o próprio número.

Venerável – Como poderá ser vencida a dúvida aniquiladora do número "dois"?

Primeiro Vigilante – A diferença, o desequilíbrio, o antagonismo, que existem no número dois cessam, repentinamente, quando se lhe ajunta uma "terceira unidade". A instabilidade da divisão ou da diferença, aniquilada pelo acréscimo de uma terceira unidade, faz com que, simbolicamente, o número três se converta, também, em unidade.

A nova unidade, porém, não é uma unidade vaga, indeterminada, na qual não houve intervenção alguma; não é uma unidade idêntica com o próprio número, como se dá com a unidade primitiva; é uma unidade que absorveu e eliminou a unidade primitiva, verdadeira, definida e perfeita. Foi assim que se formou o número três, que se tornou a unidade da vida, do que existe por si próprio, do que é perfeito.

Eis por que o Neófito vê, no Oriente, o Delta Sagrado, luminoso emblema do "ser" ou da "Vida", no centro do qual brilha a letra IOD, inicial do tetragrama IEVE.

Como explica Ramée, o triângulo, entre as superfícies, é a forma que corresponde ao número três, e tem a mesma significação deste.

Assim como o número três é o primeiro número completo da série numérica, do mesmo modo o triângulo o é entre as formas, pois sendo o ponto e a linha, por si sós, imperfeitos, necessárias são três dimensões para que um objeto tenha forma, esteja completo.

O triângulo, conquanto composto de três linhas e três ângulos, forma um todo completo e indivisível. Todos os outros polígonos subdividem-se em triângulos, e estes são, assim, o tipo primitivo que serve de base à construção de todas as suas superfícies. É ainda por essa razão que a figura do triângulo é o símbolo da existência da divindade, bem como de sua "potência produtora", ou da evolução.

Venerável – Assim concebido, qual a significação do número três?

Primeiro Vigilante – Três é o número da Luz (fogo, chama e calor).

Três são os pontos que o maçom deve se orgulhar de apor a seu nome, pois esses três pontos, como o Delta Luminoso e Sagrado, são emblemas dos mais respeitáveis; representam todos os ternários conhecidos e, especialmente, as três qualidade indispensáveis ao maçom:

Vontade

•

Amor ou Sabedoria •   • Inteligência

Venerável – E estas qualidades são inseparáveis?

Primeiro Vigilante – São absolutamente inseparáveis uma das outras, pois devem agir em perfeito equilíbrio no Candidato à Iniciação, para que ele possa ter a Iniciação real, "vivida" e não emblemática.

Venerável – E que poderá suceder se, porventura, essas qualidades estiverem isoladas?

Primeiro Vigilante – Separando-as, veremos surgir o desequilíbrio. Suponhamos um ser dotado, unicamente, de "vontade", de energia, mas sem o menor sentimento afetuoso e desprovido de inteligência, e teremos um verdadeiro bruto. Dotemo-lo agora de "inteligência" e suprimamos-lhe a "vontade" e a "sabedoria", que é a expressão do Amor, e teremos o pior dos egoístas e dos inúteis; um terreno onde a boa semente não germinará e que as ervas daninhas inutilizarão.

Damos-lhe, enfim, unicamente o "Amor" (Sabedoria), sem sombra de Vontade e Inteligência, e veremos que sua bondade é inútil, suas melhores aspirações serão condenadas à esterilidade, porque não serão, jamais, acionadas por uma Vontade forte, agindo sob o controle da razão.

Venerável – O Ternário pode ser estudado sob outros pontos de vista?

Primeiro Vigilante – Sim. Dentre esses pontos de vista, citarei apenas os principais, que são:

Do tempo: Presente, Passado e Futuro
Do movimento do Sol: Nascer, Zênite e Ocaso
Da vida: Nascimento, Existência e Morte
    Mocidade, Maturidade e Velhice
Da família: Pai, Mãe e Filho
Da constituição do ser: Espírito, Alma e Corpo
Do Hermetismo: Archêo, Azoth e Hylo
Da Gnose: Princípio, Verbo e Substância
Da Cabala: Keter, Chokmah e Binah
Da Trindade: Pai, Filho e Espírito Santo
Da Trimurti: Brahma, Vishnu e Shiva
Dos três Gunas: Tamas, Rajas e Sattva

Do Budismo: Buda, Dharma e Sanga
Do Egito: Osíris, Ísis e Horus
Do Sol no Egito: Hórus, Rá e Osíris
Da Caldeia: Ulomus, Olosurus e Elium

SEGUNDO VIGILANTE

O Segundo Vigilante tem assento ao Sul, no meio da Loja, encontrando-se o seu Trono elevado sobre um degrau. Sua função específica é "observar o Sol no meridiano e chamar os Obreiros ao trabalho, dando-lhes recreação e retomando a conclamá-los para o trabalho".

Ele é o substituto natural do Primeiro Vigilante e, em segundo lugar, sendo Mestre Instalado, do Venerável Mestre.

Na mesa de seu Trono, está uma Coluneta da Ordem Compósita que permanece "levantada", antes de iniciada a Sessão, e que é abaixada, ao iniciarem-se os trabalhos.

Essa Coluneta que representa a Beleza, como a Coluneta do Primeiro Vigilante que representa a Força, estão nas respectivas mesas, para identificar a Coluna do Norte e a Coluna do Sul.

Encerrados os trabalhos, o Segundo Vigilante volta a colocar em pé a sua Coluneta.

Essas Colunetas podem ser confeccionadas em gesso, madeira ou metal.

A Joia do Segundo Vigilante é o Prumo, símbolo da pesquisa e da Verdade, dando à obra a perfeição que merece.

O Segundo Vigilante representa a Beleza e a Concórdia.

Na abertura da Sessão, o Venerável Mestre pergunta ao Segundo Vigilante o porquê de ele ocupar esse lugar, e ele responde: "Para melhor observar o Sol no meridiano, chamar os Obreiros para o trabalho e mandá-los à recreação, a fim de que os labores prossigam com ordem e exatidão".

Após, indica ao Venerável Mestre que o Primeiro Vigilante ocupa o lugar no Ocidente.

Um pouco mais tarde, volta o Venerável Mestre a questioná-lo, perguntando: "Que horas são, Irmão Segundo Vigilante?"

Ele responde: "Meio-dia em ponto, Venerável Mestre".

Os trabalhos se iniciam ao meio-dia, quando o Sol está a pino, ou seja, quando neutraliza por segundos o que ele reflete, uma vez que, não faz sombras.

O maçom é inundado pelo Sol, recebendo-o no alto de sua cabeça, no ponto vital (os israelitas e os prelados de Igreja tapam esse ponto com o solidéu, para protegê-lo desses raios solares), e assim iluminando todo o corpo por um breve lapso de tempo, até com o deslocamento do Sol para a sua trajetória, principia a criar a sombra do próprio corpo.

Nessa posição "neutra" o maçom recebe a força do Astro Rei e seu corpo é inundado pela energia solar.

Passa a ser "iluminado" e, nessa hora, os trabalhos maçônicos adquirem luminosidade conservando-a até o pôr do sol e, pelo impulso, vão até meia-noite, para completar o ciclo natural.

Da meia-noite ao meio-dia seguinte, o corpo descansa; ao nascer do Sol, apenas uma parte do corpo é iluminada.

O Segundo Vigilante recebe a Palavra Sagrada por intermédio do Primeiro Vigilante, que a transmite por intermédio do Segundo Diácono.

Depois, batendo com o seu Malhete, diz o Segundo Vigilante: "Tudo está justo e perfeito, Venerável Mestre".

A participação do Segundo Vigilante é um pouco menor que a do Primeiro Vigilante; obedece às ordens do Venerável Mestre, concede a palavra aos Companheiros de sua Coluna e autoriza o Hospitaleiro a proceder à Coleta dos óbulos.

A seu cargo está a suspensão dos trabalhos para a recreação, e opera da seguinte forma:

Venerável Mestre – Irmão Segundo Vigilante, qual é o vosso lugar em Loja?

Segundo Vigilante – No Sul, Venerável Mestre.

Venerável Mestre – Para quê, meu Irmão?

Segundo Vigilante – Para melhor observar o Sol em sua passagem pelo meridiano, chamar os Obreiros para o trabalho e mandá-los à recreação.

Venerável Mestre – Que horas são?

Segundo Vigilante – O Sol está no meridiano.

Venerável Mestre – E os Obreiros têm trabalhado com afinco e perseverança?

Segundo Vigilante – Sim, Venerável Mestre.

Venerável Mestre – Então, tendes minha permissão para mandá-los à recreação, suspendendo, por alguns instantes, os trabalhos.

Segundo Vigilante – Meus Irmãos, de ordem do Venerável Mestre, os trabalhos vão ser suspensos por alguns momentos para que vos entregueis à recreação, tendo o devido cuidado de ficar nas proximidades, a fim de atender ao chamado de volta ao trabalho.

A seguir, o Segundo Vigilante levanta a sua Coluneta; o Livro Sagrado é fechado; o Guarda do Templo abre a porta. O Templo passa a ser descoberto e todos se retiram para a Sala dos Passos Perdidos, onde ficam até serem chamados de volta.

Os "alguns momentos" não são especificados e podem estender-se o quanto for necessário.

A recreação não ocorre em todas as Sessões, apenas quando os trabalhos tiverem causado cansaço aos Obreiros ou havendo necessidade de interrompê-los para atender a outros interesses.

Na Iniciação, o Segundo Vigilante limita-se a proclamar, em nome de sua Coluna, o Neófito como Irmão do Quadro.

Por ocasião das instruções,[1] no que se refere à primeira, não tem participação.

Na segunda, responde ao Venerável Mestre que o inquire sobre se é maçom, respondendo afirmativamente. O diálogo é o seguinte:

Venerável – Em que se baseia a Moral ensinada pela Maçonaria?

Segundo Vigilante – No amor ao próximo, Venerável Mestre.

Venerável – Esta, porém, não deve ser a base dos princípios de qualquer ensinamento moral?

Segundo Vigilante – Sem dúvida, Venerável Mestre, mas a Moral maçônica é o mais apropriado e mais prático sistema para seu ensino e aplicação.

Venerável – Em que consiste esse sistema?

Segundo Vigilante – Em mistérios e alegorias.

Venerável – Quais são esses mistérios?

Segundo Vigilante – Não me é permitido revelá-los. Interrogai-me e chegareis a descobri-los e compreendê-los.

Venerável – O que vos exigiram para serdes maçom?

---

1. Instruções extraídas do *Manual da Grande Loja do Rio Grande do Sul*.

Segundo Vigilante – Ser Livre e de Bons Costumes.

Venerável – Como livre? Admitis, porventura, que um homem possa viver na escravidão?

Segundo Vigilante – Não. Todo o homem é livre; pode, porém, estar sujeito a entraves sociais, que o privem, momentaneamente, de parte de sua liberdade e, o que é pior, o tornem escravo de suas próprias paixões e de seus preconceitos. É, precisamente, desse jogo que se deve libertar aquele que aspire pertencer à nossa Ordem. Assim, o homem que voluntariamente abdica de sua liberdade deve ser excluído dos nossos Mistérios, porque não sendo senhor de sua própria individualidade, não pode contrair nenhum compromisso sério.

Venerável – O que fizeram para vos instruir, Segundo Vigilante?

Segundo Vigilante – Fizeram-me viajar do Ocidente para o Oriente e do Oriente para o Ocidente. A princípio por um caminho escabroso, semeado de dificuldades; depois, por outra estrada menos difícil, ouvindo o tilintar incessante de armas; finalmente, em uma terceira viagem, por caminho plano e suave, envolto no maior silêncio.

Venerável – O que significam os ruídos, as dificuldades e os obstáculos da primeira viagem?

Segundo Vigilante – Fisicamente, representem o caos, que se acredita ter precedido e acompanhado a organização dos mundos; moralmente, significam os primeiros anos do homem e os primeiros tempos da sociedade, durante os quais as paixões, ainda não dominadas pela razão e pelas leis, conduziam homem e sociedade aos excessos, tão condenáveis, dos remotos tempos do feudalismo.

Venerável – Como terminou cada uma dessas viagens?

Segundo Vigilante – O término de cada viagem foi uma porta onde bati.

Venerável – Onde se achavam situadas essas portas?

Segundo Vigilante – A primeira, ao Sul; a segunda, no Ocidente, e a terceira, no Oriente.

Venerável – O que vos disseram, quando batestes?

Segundo Vigilante – Na primeira, mandaram-me passar; na segunda, fizeram-me purificar pela água, e, na terceira, fui purificado pelo fogo.

Venerável – O que significam essas purificações?

Segundo Vigilante – Que para estar em condições de receber a Luz da Verdade, torna-se necessário ao homem desvencilhar-se de todos os preconceitos sociais ou de educação e entregar-se com ardor à procura da Sabedoria.

Venerável – O que vistes, então, Segundo Vigilante?

Segundo Vigilante – Raios cintilantes feriram-me a vista; vi, então, que eram Espadas empunhadas por meus Irmãos e apontadas para mim.

Venerável – Sabeis o que significa isso, meu Irmão?

Segundo Vigilante – Compreendi, depois, que essas Espadas figuravam os raios da Luz da Verdade, que ofuscam a visão intelectual daquele que ainda não está preparado, por sólida instrução, para recebê-la.

Venerável – Como vos ligastes à Ordem Maçônica?

Segundo Vigilante – Por um juramento e uma consagração.

Venerável – O que prometestes, meu Irmão?

Segundo Vigilante – Guardar fielmente os segredos que me fossem confiados; amar, proteger e socorrer meus Irmãos, sempre que tivessem justa necessidade.

Venerável – Estais arrependido de terdes contraído esta obrigação?

Segundo Vigilante – Absolutamente não, Venerável Mestre. Estou pronto a renová-la, se preciso for, perante esta Augusta Assembleia.

Venerável – Irmão Segundo Vigilante, sois obrigado a trazer sempre, em Loja, o Avental?

Segundo Vigilante – Sim, como todos os Irmãos.

Venerável – Por quê?

Segundo Vigilante – Porque nos lembra que o homem nasceu para o trabalho e que todo maçom deve trabalhar incessantemente para a descoberta da Verdade e para o aperfeiçoamento da Humanidade.

Venerável – Onde trabalhamos, meu Irmão?

Segundo Vigilante – Em uma Loja.

Venerável – Como é construída nossa Loja?

Segundo Vigilante – Tem a forma de quadrilongo, estendendo-se do Oriente ao Ocidente com a largura do Norte ao Sul; sua altura é a de Terra ao Céu, sendo sua profundidade da superfície ao centro de Terra.

Venerável – Irmão Segundo Vigilante, nossa Loja tem outros apoios?

Segundo Vigilante – Sim, Venerável Mestre; apoia-se, também, sobre três fortes pilares: Sabedoria, Força e Beleza.

Venerável – Como são representados, em nossa Loja, esses três pilares?

Segundo Vigilante – Por três grandes Luzes; uma ao Oriente, outra ao Ocidente e a terceira, ao Sul.

Venerável – O que representam as duas Colunas de bronze?

Segundo Vigilante – Os dois pontos solsticiais.

Venerável – O que significam as romãs colocadas nos capitéis das Colunas?

Segundo Vigilante – Pela divisão interna, mostram os bens produzidos pela influência das estações; representam as Lojas e os maçons espalhados pela superfície da Terra; suas sementes, intimamente unidas, nos lembram a fraternidade e a união que devem existir entre os homens.

Venerável – O que representam o Malho e o Cinzel, Irmão Segundo Vigilante?

Segundo Vigilante – A inteligência e a razão, que tornam o homem capaz de discernir o bem do mal, o justo do injusto.

Venerável – O que significa a Prancheta de desenho?

Segundo Vigilante – A memória, faculdade preciosa de que somos dotados para fazer nosso julgamento, conservando o traçado de todas as nossas percepções.

Venerável – Por que o Sol e a Lua foram colocados em nossos Templos?

Segundo Vigilante – Porque sendo a Loja a imagem do Universo, nela devem estar representados os esplendores que, na Abóbada Celeste, mais ferem a imaginação do homem.

Venerável – Irmão Segundo Vigilante, em que espaço de tempo se executam os trabalhos dos Aprendizes maçons?

Segundo Vigilante – Do meio-dia à meia-noite, Venerável Mestre.

Venerável – O que vindes fazer aqui?

Segundo Vigilante – Vencer minhas paixões, submeter minha vontade e fazer novos progressos na Maçonaria.

Venerável – O que trazeis para vossa Loja, meu Irmão?

Segundo Vigilante – Amor, Paz e Harmonia para a prosperidade de todos os Irmãos.

***

Em outra Instrução, a participação do Segundo Vigilante é menor:
Venerável – Quais são os deveres do maçom?
Segundo Vigilante – Honrar e venerar o Grande Arquiteto do Universo, a quem agradece, sempre, as boas ações que pratica para com o próximo e os bens que lhe couberem em partilha; tratar todos os homens, sem distinção de classe e de raça, como seus iguais e Irmãos; combater a ambição, o orgulho, o erro e os preconceitos; lutar contra a ignorância, a mentira, o fanatismo e a superstição, que são os flagelos causadores de todos os males que afligem a Humanidade e entravam o progresso; praticar Justiça recíproca, como verdadeira salvaguarda dos direitos e dos interesses de todos, e a tolerância, que deixa a cada um o direito de escolher e seguir sua religião e opiniões, deplorar os que erram, esforçando-se, porém, para reconduzi-los ao verdadeiro caminho; enfim, ir em socorro do infortúnio e da aflição. O maçom cumprirá todos estes deveres porque tem a Fé que lhe dá coragem; a perseverança, que vence os obstáculos, e o devotamento, que o leva a fazer o Bem, mesmo com risco de sua vida e sem esperar outra recompensa que a tranquilidade de consciência.
Venerável – Por que os Aprendizes trabalham do meio-dia à meia-noite?
Segundo Vigilante – É uma homenagem a um dos primeiros instituidores dos Mistérios, Zoroastro, que reunia, secretamente, seus discípulos ao meio-dia e terminava seus trabalhos à meia-noite, com um ágape fraternal.

***

Na penúltima instrução, com a seguinte intervenção:
Venerável – Por que razão esta nossa Loja está situada do Oriente ao Ocidente?
Segundo Vigilante – Porque, assim como a luz do Sol vem do Oriente para o Ocidente, as luzes do Evangelho da civilização vieram do Oriente, espalhando-se no Ocidente.

Venerável – Em que base se apoia nossa Loja?

Segundo Vigilante – Em três Colunas: Sabedoria, Força e Beleza.

Venerável – Quem representa o pilar da Sabedoria?

Segundo Vigilante – O Venerável Mestre, no Oriente.

Venerável – E os da Força e da Beleza, quem os representa?

Segundo Vigilante – O Irmão Primeiro Vigilante, no Ocidente, o da Força; é o Segundo Vigilante, no Sul, o da Beleza.

Venerável – Por que o Venerável Mestre representa o pilar da Sabedoria?

Segundo Vigilante – Por que dirige os Obreiros, que compõem a Loja.

Venerável – E por que combatemos o fanatismo?

Segundo Vigilante – Porque a exaltação religiosa perverte a razão e conduz os insensatos a, em nome de Deus, e para honrá-lo, praticarem ações condenáveis. É uma moléstia mental, desgraçadamente contagiosa, que implantada em um país, toma foros de princípio, em cujo nome, nos execráveis autos-de-fé, fizeram perecer milhares de indivíduos úteis à sociedade. A superstição é um falso culto mal compreendido, repleto de mentiras, contrário à razão e às sãs ideias que se devem fazer de Deus; é a religião dos ignorantes, das almas timoratas.

Fanatismo e superstição são os maiores inimigos da religião e da felicidade dos povos.

Venerável – Para fortalecermo-nos nos combates, o que devemos manter contra esses inimigos, qual o laço sagrado que nos une?

Segundo Vigilante – A Solidariedade, Venerável Mestre.

Venerável – Será por isso que, comumente, se diz que a Maçonaria proporciona a seus adeptos vantagens morais e materiais?

Segundo Vigilante – Essa afirmação não corresponde à Verdade. O proveito material, como interesse unicamente individual, não entra nas cogitações dos verdadeiros maçons, e as vantagens morais resumem-se no adquirir a firmeza de caráter, como consequência natural da nítida compreensão dos deveres sociais e dos altos ideais da Ordem.

Venerável – Como podeis fazer tal afirmação, se todos dizem que a solidariedade maçônica consiste no amparo incondicional de uns maçons aos outros, quaisquer que sejam as circunstâncias?

Segundo Vigilante – É a mais funesta interpretação que se tem dado a esse sentimento nobre, que fortalece os laços da fraternidade maçônica. O amparo moral e material, que individual e coletivamente devemos aos nossos Irmãos, não vai até o dever de proteger aos que, fugindo de suas responsabilidades sociais, se desviam do caminho da moral e da honra.

Venerável – Irmão Segundo Vigilante, explicai-nos algo sobre o número "dois".

Segundo Vigilante – O número dois é um número terrível, fatídico. É o símbolo dos contrários e, portanto, da dúvida, do desequilíbrio e da contradição. Como prova disso, temos o exemplo concreto de uma das "sete ciências" maçônicas, a Aritmética, em que $2 + 2 = 2 \times 2$.

Até na Matemática, o número dois produz confusão, pois ao vermos número 4, ficamos na dúvida se é o resultado de combinação de dois números 2, pela soma ou pela multiplicação, o que não se dá em absoluto, com qualquer outro número.

Ele representa o bem e o mal, a verdade e a falsidade, a luz e as trevas, a inércia e o movimento, enfim, todos os princípios antagônicos adversos.

Por isso representava, na Antiguidade, o "inimigo", símbolo da dúvida, quando nos assalta o espírito.

O Aprendiz maçom não deve se aprofundar no estudo desse número porque, fraco ainda, no cabedal científico de nossas tradições, pode enveredar pelo caminho oposto ao que deveria seguir.

Esta é, ainda, uma das razões pela qual o Aprendiz maçom é guiado em seus trabalhos iniciáticos; sua passagem pelo número 2, duvidoso, traiçoeiro e fatídico, pode arrastá-lo ao abismo da dúvida, do qual só sairá se forem buscá-lo.

Venerável – Por que, Irmão Segundo Vigilante, quando o Iniciado penetra no Templo, nada encontra que se relacione, simbolicamente, ao número "um"?

Segundo Vigilante – Porque, para facilitar o estudo dos números, a Maçonaria faz uso de emblemas, para atrair a atenção sobre suas propriedades essenciais. E assim deve ser, porque nada do que é sensível pode ser admitido a representar a Unidade, mesmo porque só percebemos fora e ao nosso redor "diversidade e multiplicidade". Nada é simples na Natureza; tudo é complexo. No entanto, se a Unidade não nos aparece naquilo que nos é exterior, parece residir em nosso íntimo, pois todo ser pensante tem a convicção, o sentimento inato de que é "um".

Venerável – E como se manifesta essa unidade, que está em nós?

Segundo Vigilante – Por nossa maneira de pensar, agir e sentir. Nossas ideias, levadas ao pensamento de um todo harmônico, fazem nascer em nós a noção do Verdadeiro. Esse é o mais precioso talismã que pode possuir o Iniciado, quando condensa seu ideal no Justo, no Belo, no Verdadeiro.

Venerável – Qual é o símbolo que oculta essa Verdade?

Segundo Vigilante – O Candelabro de três luzes, que se vê sobre o Altar do Venerável Mestre, que é o único polo para o qual tendem todas as aspirações humanas.

Venerável – Por que o Neófito não deve estacionar no número dois?

Segundo Vigilante – Porque sendo o binário símbolo dos contrários de divisão, seria condenar-se à luta estéril, à oposição cega, à contradição sistemática; ficaria, em suma, escravo desse princípio de divisão que a Antiguidade simbolizou e estigmatizou sob o nome de "inimigo" (Agramani, Chetan, Satan, Mara, etc.).

Venerável – E como se conseguiu evitar a influência desse "inimigo"?

Segundo Vigilante – Procedendo à conciliação dos antagônicos, condensando, no ternário, o Binário e a Unidade.

Venerável – Se o Amor, a Vontade e a Inteligência se separarem, quais as consequências?

Segundo Vigilante – Dotado de Vontade e Inteligência, mas sem sentimento, afetuoso para com seus semelhantes, o homem poderá ser um gênio, mas forçosamente será também um monstro de egoísmo e, como tal, condenado a desaparecer.

Possuindo Coração e Inteligência, mas não tendo Vontade nem Energia, o homem será uma criatura mole, de caráter passivo que, embora não faça mal a ninguém e nutra belas aspirações e elevado ideal, jamais chegará a realizá-lo por faltar-lhe a Energia; será, em suma, um inútil.

A Energia, unida ao Amor, daria melhor resultado, mas a falta de Inteligência impedi-lo-ia de ser "bom e ativo", de fazer obra "verdadeiramente" útil, porque o "discernimento", função da Inteligência, lhe faltaria. Não poderia aplicar suas belas qualidades; correria perigo de, sob a direção de um mau intelecto, tornar-se servidor das forças do mal, por falta de discernimento.

COMPLEMENTO À INICIAÇÃO

Venerável – Irmão Segundo Vigilante, ajudai-me a explicar ao novo Irmão os instrumentos e utensílios do Aprendiz maçom.

Segundo Vigilante – O Cinzel (afora o Maço e a Régua).

Com o Cinzel o Obreiro dá forma e regularidade à massa informe da Pedra Bruta e pode marcar impressões sobre os mais duros materiais. Por ele, aprendemos que a educação e a perseverança são precisas para se chegar à perfeição; que o material grosseiro só recebe fino polimento depois de repetidos esforços, e que é, unicamente, por seu incansável emprego que se adquire o hábito da Virtude, a iluminação da Inteligência e a purificação da Alma.

ORADOR

O Orador, como Oficial da Loja, faz parte das três luzes menores e seu Trono está situado à direita, no estrado do Oriente.

A Joia do Orador consiste em um Livro aberto; usa também, de conformidade com a tradição da Loja, um Sol composto de 24 raios representando as horas do dia.

O Livro simboliza a Lei; estando aberto, a "lei viva", ou seja, na qual se inspira.

A Lei é constituída das Constituições, dos *Landmarks*, da Constituição de sua Grande Loja ou Grande Oriente, dos Estatutos, Regulamentos e Leis civis penais e processuais.

Desses Livros é que o Orador tira a "Luz" para esclarecer a Loja, dirimir dúvidas e proferir os seus pareceres

O Sol que ilumina a Loja reflete a Sabedoria dos pronunciamentos; o Orador é também denominado de Guarda da Lei.

O Irmão guindado ao cargo de Orador deve conhecer a fundo toda legislação e jurisprudência maçônicas e estar munido dos exemplares das Leis, para rapidamente, em caso de necessidade, consultá-los.

Em todos os debates a palavra final será do Orador, que advertirá quando um assunto não estiver a prumo, dando sempre seu parecer impessoal.

A Loja é soberana, mas, no momento em que houver uma decisão contrária à Legislação, o Orador ingressará com um recurso junto à Grande Loja ou Grande Oriente, podendo rever as decisões e aplicar a lei cabível.

O Orador é o assessor direto do Venerável Mestre; pode usar da palavra a qualquer momento, bastando solicitá-la à Venerança e interferir em qualquer assunto, esclarecendo as dúvidas e dirimindo os erros.

Uma Oficina que possuir um bom Orador, no sentido de lhe ser fácil a palavra e profundos os conhecimentos, não encontrará obstáculo para uma eficiente gestão.

Sua principal função é a de instruir os Aprendizes e Companheiros e orientá-los, suprindo as falhas dos Vigilantes.

Deve sempre reservar alguns minutos para essas instruções genéricas e quando forem apresentados trabalhos para aumento de salário, lhe compete analisá-los, criticá-los e recomendar a sua ratificação pela Loja.

Em caso de o Venerável Mestre não possuir uma Ordem do Dia atraente, o Orador suprirá as omissões e enriquecerá, com sua sabedoria, os trabalhos, tendo para tanto sempre um trabalho pronto de reserva.

Quanto às votações, quer a descoberto, quer por escrutínio secreto, o Orador deverá acompanhá-las com rigor e esclarecer os Irmãos como devem proceder.

As votações, sejam quais forem os assuntos, somente serão levadas a efeito depois de o Orador ter apresentado as suas conclusões; as votações podem ser suspensas e prorrogadas para a Sessão seguinte, caso o Orador assim decida.

Em caso de algum Irmão ser processado por ter cometido delito maçônico, o Orador atuará como "fiscal da Oficina", encarregando-se de proceder à acusação; não compete ao Orador proceder à defesa; no caso, será nomeado um Irmão que atuará como defensor, ou o próprio réu trará um Defensor, que pertença ao Quadro da Loja, ou a critério do Venerável Mestre, que pertença a alguma Loja de Jurisdição.

Além de sua intervenção em todos os assuntos, compete ao Orador encerrar as discussões e ser o último a se pronunciar, antes de o Venerável Mestre encerrar os trabalhos.

É evidente que o Venerável Mestre pode usar da palavra o quanto desejar, mesmo após as conclusões finais do Orador.

O Venerável, ao encerrar os trabalhos, solicita ao Orador as conclusões finais; essas conclusões podem ser resumidas em algumas palavras, quando o Orador opina que o Venerável Mestre pode encerrar os trabalhos.

O Orador é o representante nato da Loja; em qualquer reunião em outras Lojas ou especiais de Assembleias gerais, o Orador representará a Loja, embora o Venerável Mestre esteja presente.

Na apresentação de trabalhos ou nos pronunciamentos críticos, o Orador atuará de forma impessoal.

Em certas Lojas, quando o Orador deseja manifestar sua opinião pessoal, solicita ao Venerável Mestre que o substitua no cargo momentaneamente, para então proceder ao seu particular pronunciamento.

Cremos, porém, inapropriada essa substituição, pois uma vez composta a Loja, não poderá ser alterada a composição, sob pena de originar o caos.

Solucionado o caso, o Orador esclarece que irá pronunciar-se pessoalmente, sem a necessidade de deixar a sua tribuna.

O Orador, como qualquer Oficial, falará estando à ordem.

Porque sendo espinhoso o cargo e exigindo a cultura maçônica e trato com a Legislação, ao ser escolhido o Irmão para exercer o cargo de Orador, deve fazê-lo com muito critério; se possível, a escolha deve recair em algum Mestre Instalado.

Sendo Mestre Instalado, cabe ao Orador abrir e fechar o Livro Sagrado.

É usual, no entanto, que a abertura e encerramento do Livro Sagrado sejam feitos pelo Venerável de Honra.

Tudo depende dos usos e costumes da Loja e da disposição do Venerável Mestre.

Na Iniciação, o Orador desempenha papel secundário, limitando-se a aprovar a Iniciação dos Candidatos programada e, durante a cerimônia, a ler a fórmula do Juramento.

É evidente que fiscaliza todo cerimonial, advertindo, caso houver alguma falha, o Irmão faltoso.

Ao encerrar-se a Iniciação, o Orador profere seu discurso seguindo a fórmula contida no Ritual; no entanto, poderá estendê-lo, alterá-lo ou mesmo suprimi-lo, substituindo-o por uma saudação de improviso dentro de sua sabedoria. A fórmula é a seguinte:

(Depois de saudar as Autoridades presentes, os Irmãos e Visitantes) "Meus Irmãos, a Maçonaria é na Terra a única Instituição capaz de levar o homem ao domínio da paz, da ordem e da felicidade.

Em seu seio não existem desejos nem interesses pessoais a satisfazer, e a ambição se circunscreve aos limites das necessidades da Fraternidade.

Nela a vaidade não pode medrar e todos se conformam aos direitos dos mais dignos e merecedores.

Tendo por Lei fundamental e como Regra absoluta extinguir os maus desejos que atormentam a Humanidade, ela é a associação mais propícia à obtenção do aperfeiçoamento social, pois o homem material desaparece diante do homem moral, que então, em terreno fertilizado pelas virtudes fraternais, se eleva tanto quanto o pensamento íntimo do Criador o destinou.

Para evitar que seus adeptos sejam os joguete de suas próprias intemperanças e de seus desregramentos, a Maçonaria instituiu uma Moral em ação, feita para dominar os corações mais rebeldes e mais inclinados ao mal; moral que em nada compromete os interesses privados nem os gerais; moral que, em uma palavra, dá a cada um na proporção de seus direitos e de seus deveres.

Sois agora maçons. Voltando ao mundo profano, esclarecidos pelos deveres de Aprendiz, fazei dos conselhos que recebestes a Pedra de Toque e de amor para vossos semelhantes; amassai com coragem e perseverança o cimento místico que servirá para edificar o Templo do Grande Arquiteto do Universo.

Se a Maçonaria quer que sejais inteiramente devotados à Humanidade e vos obriga a socorrer o fraco e a defender o oprimido, não vos esqueçais que deveis à vossa Pátria o amor sincero do patriota e o devotamento do cidadão; que as leis que a regem mereçam vosso respeito e consciente submissão; que os que a governam têm direito à vossa confiança e apoio, e se por vosso trabalho honesto vos tornardes independente pela fortuna, não vos esqueçais que a par da Pátria e da Maçonaria deveis contínua assistência aos infelizes; levai à choupana, onde a miséria e o infortúnio fazem gemer e chorar, o amparo de vossa inteligência e o supérfluo de vossas condições sociais.

Estudai vosso caráter e vossas inclinações, para poderdes, moralmente, desbastar suas asperezas, como fizestes, há pouco, simbolicamente na Pedra Bruta. O trabalho do Aprendiz é 'conhecer-se e aperfeiçoar-se, a fim de que, livre dos preconceitos e vícios do mundo profano, possa aspirar ao estudo da tradição e da história maçônica, cujos ensinamentos têm iluminado o mundo desde as mais remotas eras'. Só então compreendereis à custa de quantas vidas se construiu o edifício da Maçonaria que, desde os tempos mais remotos, prega a mais elevada Moral e continuará a pregá-la, enquanto existir o gênero humano". (Do "Ritual de Aprendiz" da Grande Loja do Rio Grande do Sul.)

Na explanação das "lições" ao serem ministradas aos Aprendizes, extraídas do *Manual da Grande Loja do Rio Grande do Sul*, o Orador tem a seguinte participação:

Explicação do Painel da Loja:

Orador – Meus Irmãos, o Painel de Loja que vedes representa o caminho que deveis trilhar, para atingirdes, pelo trabalho e pela observação, o caminho de vós mesmos.

Vosso único desejo deve resumir-se em progredir na Grande Obra que empreendestes ao entrardes neste Templo.

Quando, ao término do trabalho de aperfeiçoamento moral, simbolizado pelo desbastar das asperezas dessa massa informe, a que chamamos de Pedra Bruta, houverdes, pela fé e pelo esforço, conseguido transformá-la em "pedra polida", apta à construção do edifício, podereis descansar o Maço e o Cinzel, para empunhardes outros utensílios, subindo a escada da hierarquia maçônica. Para isso, recebereis cinco instruções no Grau de Aprendiz, simbolizando os cinco anos que, antigamente, o Aprendiz passava encerrado no Templo, para o qual entrava após dois anos de observação por parte dos Companheiros e Mestres; assim, completava os sete anos exigidos, naquela época, para o compromisso no Primeiro Grau. Simples, mas muito simbólica, é esta primeira instrução.

No Painel da Loja se condensam todos os símbolos que deveis conhecer e, se bem os interpretardes, fáceis e muito claras ser-vos-ão as instruções subsequentes. A forma de uma Loja é um quadrilongo; seu comprimento é do Oriente ao Ocidente; sua largura, do Norte ao Sul; sua profundidade, da superfície ao centro de Terra, e sua altura, da Terra ao Céu. Essa vasta extensão da Loja simboliza a universalidade de nossa instituição e mostra que a Caridade do maçom não tem limites, a não ser os ditados pela prudência.

Orienta-se a Loja do Oriente ao Ocidente (Leste a Oeste), pois, como todos os lugares do Culto Divino e Templos antigos, as Lojas Maçônicas assim devem estar, porque:

1º – O Sol, que é a maior glória do Senhor, nasce no Oriente e se oculta no Ocidente.

2º – A civilização e a ciência vieram do Oriente, espalhando as mais benéficas influências para o Ocidente;

3º – A doutrina do Amor e da Fraternidade e o exemplo do cumprimento da Lei vieram, também, do Oriente para o Ocidente, trazidos pelo Divino Mestre.

A primeira notícia que temos de um local destinado exclusivamente ao Culto Divino é a do Tabernáculo, erigido no deserto por Moisés para receber a Arca da Aliança e as Tábuas da Lei.

Esse Tabernáculo, cuja orientação era de Leste para o Oeste, serviu de modelo para a planta e posição do Templo de Salomão, cuja construção, por seu esplendor, riqueza e majestade, foi considerada como a maior maravilha da época.

Eis por que as Lojas Maçônicas, representando simbolicamente o Templo de Salomão, são orientadas do Oriente para o Ocidente.

∗∗∗

O interior de uma Loja Maçônica contém: Ornamentos, Paramentos e Joias. Os Ornamentos são: o Pavimento Mosaico, a Estrela Flamejante e a Orla Dentada.

O Pavimento Mosaico, com seus quadrados brancos e pretos, nos mostra que apesar da diversidade, do antagonismo de todas as coisas da Natureza, em tudo reside a mais perfeita harmonia. Isso nos serve de lição para que não olhemos as diversidades das dores e de raças, o antagonismo das religiões e dos princípios que regem os diferentes povos, senão e apenas como uma exterioridade de manifestação, pois toda a Humanidade foi criada para a mais perfeita harmonia, a mais íntima Fraternidade.

A Estrela Flamejante representa a principal Luz da Loja. Simboliza o Sol, glória do Criador, e nos dá o exemplo da maior e da melhor virtude, que deve encher o coração do maçom: a Caridade. Espalhando Luz e Calor (ensino e conforto) por toda parte onde atingem seus raios vivificadores, o Sol nos ensina a praticar o Bem, não em um círculo restrito de amigos ou de afeiçoados, mas a todos aqueles que necessitam e até onde nossa Caridade possa alcançar.

A Orla Dentada, enfim, mostra-nos o princípio da atração universal, simbolizada no Amor. Representa, com seus múltiplos dentes, os planetas que gravitam em torno do Sol; os povos reunidos em torno de um chefe; os filhos reunidos em volta dos pais, enfim, os maçons unidos e reunidos no seio da Loja, cujos ensinamentos e cuja moral aprendem, para espalhá-los aos quatro ventos do Orbe.

O Paramento de Loja é constituído pelo Livro da Lei, Compasso e Esquadro.

O Livro da Lei representa o Código Moral, que cada um de nós respeita e segue, a filosofia que cada qual adota e, enfim, a Fé que nos governa e anima.

O Compasso e o Esquadro, que só se mostram unidos em Loja, representam a medida justa que deve presidir todas as nossas ações, as quais não podem se afastar da Justiça nem da retidão, que regem todos os atos de um verdadeiro maçom.

As pontas do Compasso, ocultas sob o Esquadro, significam que o Aprendiz, trabalhando somente na Pedra Bruta, não pode fazer uso daquele enquanto sua obra não estiver perfeitamente acabada, polida e esquadrejada.

⁂

Venerável – Como conseguistes entrar no Templo, Irmão Orador?

Orador – Por três pancadas, cuja significação é: "Batei e sereis atendido; pedi e recebereis; procurai e encontrareis".

Venerável – O que vos fizeram praticar?

Orador – Depois de colocado entre Colunas, fizeram-me praticar três viagens, para que me lembrasse das dificuldades e tribulações da vida; purificaram-me pelos elementos e, depois, fui conduzido ao Altar dos Juramentos, onde me fizeram ajoelhar sobre o joelho direito nu, coloquei a mão direita sobre o Livro da Lei e na mão esquerda um Compasso aberto, cujas pontas se apoiaram em meu peito esquerdo, que também estava nu. Nessa posição, prestei meu juramento de guardar os segredos da Ordem.

⁂

Venerável – Que outras explicações ouvistes?

Orador – A Espada Flamejante, arma simbólica, significa que a insubordinação, o vício e o crime devem ser repelidos de nossos Templos e que a Justiça de Salomão, Justiça Maçônica, é pronta e rápida, como os raios que despede a Espada, emblema também dos mais justos e nobres sentimentos.

O Esquadro, suspenso do Colar do Venerável Mestre, significa que um chefe deve ter unicamente um sentimento – o dos Estatutos da Ordem – e que deve agir de uma única forma: com retidão.

O Nível que decora o Primeiro Vigilante simboliza a igualdade social, base do direito natural.

O Prumo trazido pelo Segundo Vigilante significa que o maçom deve ser reto no julgamento, sem se deixar dominar pelo interesse nem pela afeição.

O Nível sem o Prumo nada vale, do mesmo modo que este sem aquele em qualquer construção. Por isso, os dois se completam, para mostrar que o maçom tem o culto da igualdade, nivelando todos os homens e cultuando a retidão, não se deixando pender pela amizade ou pelo interesse, para qualquer dos lados.

∗∗∗

Orador – Com certeza já notastes, meu Irmão, a coincidência que apresentam a Bateria, a Marcha e a Idade do Aprendiz maçom. Todas encerram o número três: três pancadas, três passos e três anos. Como vedes, o número três é primordial no Grau de Aprendiz e, se este quiser, realmente, estar em condições de passar a Companheiro, deve estudar, cuidadosamente, as propriedades desse número, seja nas obras de Pitágoras, na Cabala numérica, ou, ainda, nas obras de arquitetura e arqueologia iniciáticas de Vitrúvio, Ramée e outras.

É conveniente que o maçom especulativo não se desinteresse desta parte do Ensino Iniciático máximo se tiver o legítimo desejo de compreender qualquer coisa da Arquitetura da Idade Média e da Antiguidade e, em geral, das grandes obras concebidas e executadas pelas Ordens de Companheiros Construtores.

O emprego dos números, sobretudo de "alguns números", em todos os monumentos conhecidos, é muito frequente, para que se creia que só o acaso os tenha produzido. E, neste ponto, a História vem em nosso auxílio.

Todos os povos da Antiguidade fizeram uso emblemático e simbólico dos números e das fórmulas, e em geral, do número e da medida.

Na obra moderna do sábio francês, o abade Moreaux, *Ciência Misteriosa dos Faraós*, podemos constatar que, de um modo absoluto, provando, a evidência que as dimensões, orientação e forma das Pirâmides obedeceram a razões poderosíssimas, pois que encerram, além de outras verdades (provavelmente ainda não estudadas), a direção do Meridiano Terrestre, a relação entre a circunferência e seu raio, a medida de peso racional (libra inglesa) etc., e até a distância aproximada da Terra ao Sol.

Todos os povos da Antiguidade tiveram um sistema numérico ligado intimamente à religião e ao culto. E esse fato é o resultado da ideia que então se fazia do mundo, segundo a qual a matéria é inseparável do espírito, do qual exprime a imagem e a revelação.

Enquanto a matéria for necessária à forma e à dimensão, enquanto o mundo for uma soma de dimensões, existirá o número, e cada coisa terá seu número, do mesmo modo que forma e dimensões. Há, entretanto, números que parecem predominar na estrutura do mundo, no tempo e no espaço, e que formam, mais ou menos, a base fundamental de todos os fenômenos da Natureza. Esses números foram tidos, sempre, como sagrados pelos antigos como representação da expressão da ordem e da inteligência das coisas, como exprimindo a própria divindade.

Se, com efeito, supusermos que as coisas materiais são apenas um invólucro que cobre o invisível, o imaterial; se as considerarmos somente como símbolos dessa imaterialidade, com mais forte razão, os números, concepção puramente abstrata, poderão ser considerados sagrados, pois eles representam, até certo ponto, a expressão mais imediata das Leis Divinas (que são as Leis da Natureza) compreendidas e estudadas neste mundo.

A China, a Índia e a Grécia, mesmo antes de Pitágoras, conheceram e empregaram a "Ciência dos Números", e seu simbolismo é, em grande parte, baseado nessa ciência.

Vemos, pois, que os números se prestam facilmente a tornarem-se símbolos, figuras das ideias simples e de suas relações. E toda a doutrina das relações morais e da ligação indestrutível com o mundo material, isto é, a filosofia, foi sempre exposta por um sistema numérico e representada por números.

⁂

Orador – No centro do Delta está a inscrição IOD, inicial do Tetragrama (4 letras) *Ieve*, símbolo da Grande Evolução, ou do que "existiu", "do que existe" e "do que existirá".

O Tetragrama *Iod-He-Vau-He*, apesar de ser composto de quatro letras, tem somente três diferentes – Iod-He-Vau, para simbolizar as três dimensões do corpo, comprimento, largura e altura, ou profundidade. A letra Vau, cujo valor numérico é seis, indica as seis faces dos corpos.

O Tetragrama, com suas quatro letras, tem afinidade com a Unidade, pois 4 e 1 são quadrados perfeitos, e com as três letras diferentes indica que, a partir de 3, os números entram numa nova fase. O Tetragrama lembra, finalmente, ao Aprendiz que ele passou pelas quatro provas dos Elementos Terra, Ar, Água e Fogo. Colocado a Nordeste da Loja, o Aprendiz vai começar essas quatro provas a caminho do 2º Grau.

Tendo recebido a Luz e podendo caminhar sozinho no Templo, embora ainda auxiliado pelos conselhos dos Irmãos e pela experiência dos Mestres, sente-se responsável por si mesmo e sabe que seus pensamentos, palavras e obras devem demonstrar, sempre, a consciência de seu juramento ao ingressar no Templo do Ideal, cujo serviço aceitou livremente, sem constrangimento nem restrição de espécie alguma.

SECRETÁRIO

O Secretário tem assento no Oriente *vis-à-vis* com o Orador. Tem o seu Trono (alguns autores referem Triângulo ou mesa) sobre o qual mantém os papéis, pranchas, propostas e toda a documentação relativa à Ordem do Dia.

A escolha deve recair em pessoa que possua certas habilitações para o arquivamento da documentação e a feitura do Balaústre (ata); pessoa que não pode faltar às Sessões e que "afine" com o Venerável Mestre, uma vez que passa a ser o seu auxiliar direto.

O Secretário, como o nome refere, é o "guardador dos segredos" da Loja, pois ele, segundo a orientação do Venerável Mestre, prepara a Ordem do Dia, traz devidamente reunidas as sindicâncias, guarda a correspondência que lê nas Sessões, documentos, trabalhos apresentados pelos Aprendizes e Companheiros, registros de toda ocorrência num livro específico, bem como a correspondência direta com a Secretaria da Grande Loja ou do Grande Oriente.

Ele, na prática, é a "memória da Loja"; em tudo participa e zelosamente arquiva em local apropriado todos os papéis.

Guarda os segredos, registrando-os em ata que lê nas Sessões subsequentes para aprovação com a leitura, rememoriza aos Irmãos o que se passou na Sessão anterior, capacitando-os a decidirem se aprovam ou não os registros feitos; em caso de erros ou omissões, esses são consignados na ata, que assim corrige a anterior.

A "memória" reavivada pela leitura da ata dá continuidade à Sessão anterior e relembra os assuntos tratados e os pendentes. Ao ser aprovada a ata, os Membros da Loja têm a oportunidade de apreciar o trabalho do Secretário, que é submetido à votação.

Assinam a ata o Venerável Mestre, o Orador e, evidentemente, o Secretário; as atas são conservadas em um livro próprio e confeccionadas à mão, se o livro assim impor, ou encadernadas ou arquivadas *a posteriori*, se forem confeccionadas digitalmente.

Enquanto o Secretário não tiver lido a ata e essa não tiver sido submetida à aprovação da Loja, o Secretário permanece o zelador dos segredos tratados na Sessão; porém, após a aprovação, o Secretário limita-se a arquivar as atas que poderão ser consultadas a qualquer tempo pelos Mestres.

Em certo sentido, o Secretário atua como "censor", deixando de consignar expressões inconvenientes e assuntos estranhos à Ordem. Todo Mestre, porém, poderá requerer ao Venerável Mestre que certo assunto de seu interesse venha a ser registrado em ata.

A ata inicia-se registrando as presenças em Loja, o número dos Irmãos, os Visitantes, as Autoridades vindas de outras Lojas ou da Alta Administração, o conteúdo da correspondência, o resumo dos pronunciamentos, a síntese dos trabalhos apresentados, as propostas, os assuntos decididos e, finalmente, os pendentes.

Nas Sessões festivas e brancas, as atas resumirão o acontecido com parcimônia. Nessas Sessões não são submetidas à aprovação as atas das Sessões comuns.

Nas Sessões de eleição, ficarão registrados todos os pormenores e os resultados, e a ata deverá ser confeccionada, lida e submetida à aprovação na mesma Sessão.

Toda correspondência será lida pelo Secretário e registrada em ata, bem como a resposta que a ela deve ser dada.

O Secretário terá um livro específico onde anotará os trabalhos apresentados pelos Aprendizes e Companheiros; fará, oportunamente, ao receberem os Irmãos aumento de salário, um resumo e, assim, propiciará ao Orador a elaboração de seu parecer recomendando a promoção.

A Secretaria manterá, também, um livro para o registro da correspondência que será arquivada, bem como as cópias das respostas.

Toda correspondência vinda do Poder Central será arquivada à parte, para facilitar a busca em caso de necessidade; se possível, a Secretaria manterá uma pasta individual para cada Obreiro, onde ficarão arquivados todos os papéis e documentos a ele pertencentes, inclusive um arquivo de fotografias para serem apostas, oportunamente, em credenciais, diplomas e documentos diversos, bem como os *placet* de Iniciação.

O Secretário incumbe-se de apresentar uma ordem do dia que elaborará em conjunto com o Venerável Mestre; nessas ordens ficarão consignadas as datas de leitura e discussão das "lições" a serem ministradas aos Aprendizes e Companheiros.

O Secretário solicita diretamente ao Venerável Mestre a palavra, mesmo fora de ordem, pois ele está incumbido de Assessorar o Venerável Mestre para que não esqueça dos assuntos a serem tratados.

No Ritual de Instalação de Veneráveis, ao ser o Secretário revestido com sua insígnia, o Venerável Mestre lhe dirá:

"É vosso dever registrar em ata, com imparcialidade e clareza, todas as ocorrências de nossos trabalhos, competindo-vos, também, fazer as convocações para as reuniões e as devidas comunicações à nossa Obediência. Lembrando-vos das decisões tomadas, deveis velar para que sejam executadas, contribuindo, assim, utilmente para o completo esclarecimento desta Loja".

Compete ao Secretário redigir os convites às demais Lojas coirmãs para comparecer a festividades, bem como convocar os Irmãos para atos festivos e lutuosos, incluindo a de eleições gerais da Ordem e particulares da Loja.

Aos Visitantes o Secretário entregará um pequeno Diploma comprovante de sua visita.

A Joia do Secretário é composta de duas penas cruzadas, símbolo do escriba.

Afora a apresentação dos *placet* de Iniciação por ocasião da Cerimônia Iniciática, o Secretário não participa das provas.

Também, nas Instruções aos Aprendizes, sua participação é mínima:

Venerável – Como estáveis preparado, Irmão Secretário?

Secretário – Nem nu nem vestido; despojaram-me de todos os metais, emblemas do vício, para lembrar-me do estado primitivo da Humanidade, antes da época da civilização.

Venerável – Onde fostes recebido?

Secretário – Em uma Loja justa, perfeita e regular.

Venerável – Que é preciso para que uma Loja seja justa e perfeita?

Secretário – Que três a governem, cinco a componham e sete a completem.

Venerável – O que é uma Loja regular?

Secretário – É a que, sendo justa e perfeita, obedece a uma Potência Maçônica regular e pratica rigorosamente todos os princípios básicos da Maçonaria.

EXPERTOS

Dois são os Expertos com as mesmas funções; como é do próprio vocábulo, "experto" significa experiente. O Oficial adquire esse nome porque cabendo a ele trolhar o Visitante, deve conhecer a fundo o Ritual.

Hierarquicamente o Experto é o sexto Oficial de Loja, o que segue as cinco Dignidades (Venerável, Orador, Secretário, Tesoureiro e Chanceler), e os dois Expertos têm assento ao lado dos Vigilantes, tendo às costas as Colunas J e B.

O cargo é confiado a maçons experientes e mais antigos, uma vez que atuam intensamente durante a Cerimônia Iniciática.

Quem atua mais intensamente é o denominado Primeiro Experto, sendo o Segundo Experto auxiliar do Primeiro; antigamente, o Primeiro Experto era denominado de Irmão Terrível.

Essa denominação, ainda em uso em certas Lojas, decorre do fato de apresentar-se, nas Cerimônias de Iniciação, com Balandrau e devidamente encapuzado, sendo quem "desposa" os Candidatos e os acompanha nas provas e viagens.

Ao ser o Candidato introduzido na Câmara das Reflexões, lugar "tenebroso" e na semiescuridão, tem a conduzi-lo o Experto que, trajando balandrau e capuz, apresenta-se com aparência de "verdugo", parecendo "terrível" aos mais sensitivos; fala pausadamente e com voz cavernosa.

Durante as Sessões comuns, na ausência do Segundo Vigilante, esse é substituído pelo Primeiro Experto (o que senta na Coluna do Norte).

O Primeiro Experto pode substituir qualquer Oficial, obedecida a ordem hierárquica; apenas não pode substituir o Venerável Mestre.

O Primeiro Experto ou Grande Experto é substituído pelo Segundo Experto.

Quando surgir algum conflito maçônico entre o Venerável Mestre e os Vigilantes, o árbitro será Grande Experto.

Quando solicitado pelo Orador, o Grande Experto pode "reprovar" algum ato do Venerável Mestre, devendo fazê-lo com elegância, impessoalidade e com justiça.

O trolhamento deve ser feito na Sala dos Passos Perdidos, inquirindo-se o Visitante de conformidade com o questionário próprio, examinando documento e assegurando que se trata de um maçom regular. Feito o trolhamento, o Primeiro Experto levará as suas conclusões ao Venerável Mestre, que autorizará o ingresso do Visitante no Átrio para acompanhar os Irmãos do Quadro na procissão de praxe.

Trolhar vem de "Trolha", que é o instrumento que desempena as paredes, dando uniformidade ao reboco.

Há os que confundem a Colher de Pedreiro com a Trolha.

Comparecendo o Candidato, é ele acolhido por qualquer Irmão do Quadro que se encontra na Sala dos Passos Perdidos, que o conduzirá a uma dependência apropriada onde o fará sentar e aguardar.

Isolado por alguns instantes, surge então o Experto, que poderá ou não se fazer acompanhar do Segundo Experto.

Os Expertos trajam Balandrau e capuz negro, escondendo o rosto na máscara, e procedem esclarecendo o Candidato para que nada tema, mas que será preciso prepará-lo para a Iniciação. Pedem-lhe permissão, retiram-lhe o casaco, despem da camisa uma manga, deixando o peito esquerdo nu; retiram-lhe os sapatos e vestem-lhe alpargatas;

retiram-lhe todos os metais, como moedas, relógio, chaves, fivelas, enfim todo metal, guardando tudo em um envelope apropriado.

Em seguida, vendam os olhos do Candidato e lhe recomendam que permaneça imóvel, sentado, aguardando ordens.

Passados alguns minutos, verificam o estado psicológico do Candidato, perguntam-lhe se está disposto a ser Iniciado e, diante de resposta afirmativa, o conduzem à Câmara de Reflexões.

Caso o Candidato "se arrependa" e queira desistir, tiram-lhe a venda, devolvem-lhe os seus pertences, fazem-no calçar seus sapatos e o conduzem à Sala dos Passos Perdidos, onde o aguarda o Padrinho que lhe dará o destino adequado, ou seja, despede-o e o liberta.

Na Sala dos Passos Perdidos, retiram a venda do Candidato, fazem-no sentar à mesa e lhe esclarecem que deve ler o questionário e respondê-lo, bem como deve prestar atenção aos dizeres espalhados pelas paredes e observar com cuidado tudo o que a Câmara contém, dizendo-lhe que tem todo o tempo disponível para, com calma, preencher os formulários e o testamento e que em breve retornará o Experto para prosseguir na Iniciação. O Experto deve tratar de acalmar o Candidato, fazendo-o ver que nenhum perigo existe para causar-lhe temor, deixando-o tranquilo.

Compete aos Expertos preparar o Templo para as Viagens e Provas e introduzir o Candidato, segurando-o pelo braço e conduzindo-o nas Viagens e Provas, orientando-o para que não tropece e que possa com calma percorrer os caminhos que deve seguir.

A Joia do Experto é um Punhal.

Nas Sessões comuns e econômicas, os Expertos encarregam-se de levar aos Irmãos o Escrutínio, distribuir as bolas e recolhê-las, bem como, em caso de eleição, distribuir e recolher as cédulas.

A contagem das bolas e das cédulas é feita pelo Venerável Mestre, sob o testemunho do Orador e do Secretário.

COBRIDOR EXTERNO

O cargo de Cobridor Externo está em desuso, pois a função não tem maior significado, uma vez que, fechada a Porta do Templo, não há retardatários e nenhum Visitante será admitido fora de tempo.

Nas localidades onde o edifício abriga vários Templos, exercerá o cargo um funcionário que atua mais como zelador e segurança que Oficial de Loja.

Em épocas passadas, quando a Maçonaria era constrangida a manter-se oculta, havia necessidade, por segurança, de um Cobridor Externo. Contudo, atualmente, muitas Lojas elegem o Cobridor Externo e este permanece na Sala dos Passos Perdidos, deixando de assistir aos trabalhos da Loja.

Em certas Lojas, ao iniciar-se a Ordem do Dia, é permitido o ingresso do Cobridor Externo, que assiste aos trabalhos até o término.

Contudo, técnica e ritualisticamente, abrir a Porta do Templo, após o Primeiro Vigilante ter declarado estar o Templo a Coberto, torna-se um ato irregular.

A não ser nas Sessões Magnas de Iniciação, em que a Porta se abre mais de uma vez para a entrada e a saída dos Candidatos, não há razão para que ela se abra durante as Sessões comuns.

Todavia, o cargo de Cobridor existe e deve ser desempenhado por um Irmão de elevado conhecimento maçônico, uma vez que lhe cumpre trolhar os Visitantes.

No momento em que o Cobridor Interno, ao verificar se a Porta está fechada, dá uma pancada na mesma com o punho de sua Espada; o Cobridor Externo, do lado de fora, responde dando com o punho de seu Alfanje, também, uma batida. O Alfanje é a Joia do Cobridor Externo.

A função do Cobridor Externo, antes de os Irmãos deixarem a Sala dos Passos Perdidos, é "policiar" o recinto, não permitindo abusos, algazarra ou comportamento inconveniente e evitar o ingresso de profanos tomando imediatas providências para preservar a Loja.

Nem toda Loja é construída de acordo com as necessidades dos trabalhos. Geralmente, a Sala dos Passos Perdidos constitui-se a sala de entrada, quando deveria haver um *hall* apropriado, seja por segurança, seja para a discrição dos Irmãos.

Nos Templos do interior, nas cidades menores, onde há mais facilidade de localização e amplitude de terreno, a Loja vem cercada de toda segurança.

Se visitarmos as Lojas brasileiras, constataremos a ausência de Átrios, salas de entradas, salas para secretarias, salas ou gabinetes para o Venerável Mestre.

Recomenda-se que o cargo de Cobridor Externo seja em rodízio para não sacrificar somente um Irmão. Recomenda-se também que seja eleito mais de um Cobridor, que exercerá o cargo por dois ou três meses.

Apesar de o cargo estar em desuso, julgamos de todo necessário o seu preenchimento, elegendo um Irmão disposto a se sacrificar e deixar de assistir aos trabalhos, mas dar, sobretudo, segurança a toda a Loja. Têm ocorrido casos de assaltos à mão armada às Lojas que se viram impotentes para repelir à insólita agressão.

Segundo Nicola Aslan, em 1822, quando o cargo tinha realmente a importância que lhe é inerente, os Cobridores Externos das três Lojas metropolitanas que formavam o Grande Oriente do Brasil solicitaram que a Grande Loja "tornasse amovível o lugar de Cobridor, para ser exercido mensalmente pelos Operários das Lojas, não ficando, assim, qualquer Irmão privado de assistir aos trabalhos pelo espaço de um ano. Foi escusado o pedido e a Grande Loja fez sentir àqueles Irmãos de quanta ponderação e confiança era o lugar que ocupavam, e que este único motivo deveria lhes ter sido sobejo, para não desgostando-se do seu cargo, procurar desempenhá-lo com todo o zelo e atividade".

Isso aconteceu na 19ª e última Sessão do Grande Oriente do Brasil de 1822, realizada em 11 de outubro.

Prossegue Aslan: "A denominação de Cobridor Externo provém da Maçonaria Operativa, visto que um edifício em construção era terminado quando o teto era coberto de telhas. Assim, também, na Maçonaria Especulativa, o Cobridor cobre o recinto dos trabalhos de toda intrusão".

O Cobridor mantém sua arma desembainhada, pronta a enfrentar qualquer intruso.

Como todos os Irmãos são obrigados a contribuir para a Bolsa de Beneficência, o Cobridor Externo encarregará algum Irmão de sua confiança de fazer a contribuição no momento apropriado.

O Cobridor Externo assinará o Livro de Presenças. Nas Sessões de eleição, o Cobridor será admitido a ingressar no Templo para exercer seu voto; nos escrutínios, seu voto será dispensado.

COBRIDOR INTERNO

O Cobridor Interno ou Guarda do Templo tem assento à direita da Porta de entrada, munido de Espada que mantém embainhada; é o zelador da Porta para que essa não se abra, a não ser a mando do Primeiro Vigilante. A rigor, a Porta de entrada é trancada e a chave fica em poder do Cobridor Interno.

Ele é o elo entre o Átrio e o Templo e é incumbido de zelar para que todos os que adentrarem ao Templo estejam revestidos de Avental e Insígnias.

A tradição manda que o cargo seja ocupado pelo Venerável Mestre que antecede o Venerável de Honra.

O Venerável Mestre comanda a Loja desde o Oriente, mas o Guarda do Templo comanda o Ocidente, zelando pela entrada dos Irmãos no Templo; é um cargo aparentemente humilde, mas que tem sua relevância, pois dá a "Cobertura da Loja".

Pela sua relevância, como inexiste um substituto oficial para o Cobridor Interno, em caso de o titular faltar, o Venerável designará um Mestre experimentado para exercer a função.

Nenhum Aprendiz nem Companheiro poderá exercer o cargo de Cobridor.

Já dissemos que não há razão para acolher "retardatários"; por esse motivo, a Porta uma vez fechada, não será reaberta para atender a quem bate.

Contudo, antes de o Primeiro Vigilante declarar que o Templo está a coberto, se houver retardatário, será admitido.

O Cobridor Externo baterá à Porta de conformidade com o Grau que o Visitante possuir, e uma vez que esse Visitante já foi trolhado pelo Cobridor Externo, a Guarda do Templo limitar-se-à a comunicar o Primeiro Vigilante, após entreabir a porta e colocar na fresta a ponta de sua Espada, que há um Irmão Visitante que aguarda permissão para entrar.

O Guarda do Templo torna a fechar a Porta e, com o punho da Espada, dá uma batida significando que o Visitante deve aguardar o momento oportuno.

Quando o Vigilante autorizar o ingresso, o Cobridor Interno abre totalmente a Porta e deixa o Visitante entrar, fechando-a em seguida, retornando ao seu posto.

Não há necessidade de renovar o trolhamento do Visitante, pois o Cobridor Externo já o fez.

Alguns Rituais dão a prerrogativa de franquear o ingresso ao próprio Venerável Mestre, que autorizará diretamente o Cobridor Interno a permitir a entrada.

Em caso de inexistir o cargo de Cobridor Externo, caberá ao Primeiro Experto sair do Templo e, na Sala dos Passos Perdidos, trolhar o Visitante.

Caso o Visitante se fizer acompanhar por um Irmão do Quadro que afiance por ele, o trolhamento será dispensável.

Mesmo sendo Visitante, o maçom deverá apresentar-se revestido de seu Avental; se exercer cargo em sua própria Loja, poderá adentrar munido de suas Joias e Insígnias.

O Cobridor Interno não poderá, em momento algum, afastar-se de seu lugar. Em caso de necessidade imperiosa, solicitará ao Primeiro Vigilante um substituto e sairá do Templo pelo tempo necessário, voltando depois a ocupar seu lugar.

As Joias do Cobridor Interno são duas Espadas desembainhadas e cruzadas.

Ao ser investido no cargo, dirá o Venerável Mestre:

"Estas Espadas cruzadas indicam que só deveis dar ingresso em nosso Templo àqueles que têm direito a tomar parte em nossos trabalhos. Simbolicamente, os ferros cruzados, em guarda para o combate, nos ensinam a nos pormos em defesa contra os maus pensamentos e a ordenarmos moralmente as nossas ações".

O Cobridor Interno exerce as funções de não permitir a entrada no Templo de Irmãos não aparentamentados, desconhecidos e irregulares; todavia, também não é permitido a nenhum Irmão deixar o Templo sem a necessária permissão do Venerável Mestre e acompanhamento do Mestre de Cerimônias; o Cobridor há de barrar a saída a qualquer desses Irmãos.

Antes de os Irmãos adentrarem no Templo, o Guarda do Templo já deve estar a postos e abrir a Porta do lado de dentro, logo que o Mestre de Cerimônias bater; será o primeiro a entrar no Templo e o último a sair, encarregando-se de trancar a Porta com a chave.

Esotericamente, a Espada empunhada pelo Cobridor Interno está sempre pronta a atuar contra a presença indesejada de "elementos" espirituais negativos. O Cobridor também estará sempre alerta para esses aspectos místicos.

Seu posicionamento será igual ao do Querubim posto à Porta do Paraíso para não permitir a entrada dos "desobedientes", o primitivo casal humano.

MESTRE DE CERIMÔNIAS

Segundo o Ritual de Instalação de Veneráveis, o Venerável Mestre, ao dar posse ao Mestre de Cerimônias, entregando-lhe a Joia, que representa uma Régua e o Bastão encimado, ou por uma Régua, ou por dois bastões cruzados, lhe diz:

"Cabe lembrar-vos que a ordem interna desta Loja corre sob vossa responsabilidade. Antes da abertura dos trabalhos, deveis examinar e providenciar para que tudo esteja pronto para a realização das cerimônias ritualísticas, cabendo-vos, também, a recepção dos Irmãos Visitantes.

Recebei, como insígnia de vosso cargo, este bastão que vos é confiado como cetro patriarcal do guia que todos seguem confiantemente".

É evidente que todos os Oficiais da Loja devem ser Mestres, porém, o título de "Mestre" aqui equivale ao de "chefe"; também são denominados "Mestres" os que ocupam os cargos de "Mestre de Banquete" e "Mestre de Harmonia".

Após constatado que a Loja encontra-se a coberto e que todos os presentes são maçons, o Venerável Mestre diz:

– Irmão Mestre de Cerimônias, a Loja está composta?

Ao que responde o Mestre de Cerimônias: "Sim, Venerável Mestre, os cargos estão preenchidos e todos os presentes se acham revestidos conforme o uso da Loja".

Logo, a missão primordial do Mestre de Cerimônias é a de preencher os cargos e verificar se todos estão portando Avental e Insígnias.

Compor a Loja significa colocar cada Oficial em seu lugar, substituindo os faltantes, manter os Aprendizes e Companheiros em seus lugares nas Colunas.

Evidentemente, cada Oficial, ao ingressar no Templo, destaca-se da procissão e vai ocupar seu lugar sob a vigilância do Mestre de Cerimônias que, constatando a ausência de algum titular, determina que um outro Mestre ocupe o lugar.

Esotericamente, o Mestre de Cerimônias representa o Poder que elaborou a ordem na criação.

Uma vez composta a Loja, não será mais possível ao retardatário ocupar seu lugar, afastando o substituto. O titular ficará sentado ou no Oriente ou na Câmara do Meio.

A substituição, como geralmente e erroneamente ocorre, origina o caos e desautoriza o poder do Mestre de Cerimônias. Além disso, não são admitidos retardatários, uma vez que a Porta do Templo está fechada.

Auxiliado pelo Arquiteto e pelo Primeiro Experto, o Mestre de Cerimônias verificará se todos os instrumentos, utensílios, Joias, Luzes, Harmonia, estão em ordem; se já está aceso o incenso, se nos Tronos e mesas estão depositados os Rituais; se as velas ao redor do Altar estão em ordem e acesas.

Em algumas Lojas existe a cerimônia de acendimento das velas, que ocorre precedendo a abertura do Livro Sagrado.

O Altar já deve encontrar-se iluminado quando o Oficiante se apresenta para a leitura do Livro Sagrado.

A abertura do Livro da Lei Sagrada equivale ao acendimento de Luz maior, eis que a "Palavra é Luz".

O Mestre de Cerimônias pode circular na Loja independentemente da ordem do Venerável Mestre, seja para consertar alguma falha ou dispor sobre tudo o que constituir providência para a perfeição dos trabalhos.

Compete ao Mestre de Cerimônias acompanhar os Visitantes aos seus lugares. Circulará, sempre, empunhando o Bastão com a mão esquerda.

O Mestre de Cerimônias é dispensado do Sinal Gutural e locomove-se, sempre, da esquerda para a direita; lhe é dispensada, outrossim, a saudação ao Trono toda vez que o cruzar; tem circulação livre, no Oriente, onde buscará ou o Venerável de Honra ou o Orador para a Iniciação dos trabalhos com a abertura do Livro Sagrado, conduzindo-os de volta, após o encerramento da cerimônia.

Compete-lhe circular com a Bolsa de Propostas e Informações, obedecendo a ordem hierárquica e colocando por último a sua mão na referida Bolsa.

Compete-lhe levar ao Venerável Mestre papéis oriundos do Orador e do Secretário e cumprir todas as ordens do Venerável, quando desejar comunicar-se com essas duas Luzes.

O Mestre de Cerimônias, para circular com a Bolsa, deixará no seu lugar o Bastão e carregará a Bolsa com ambas as mãos, colocando-se entre Colunas para aguardar a ordem de seu desempenho;

apresentará aos Irmãos a Bolsa deixando-a colada ao corpo, do lado esquerdo, oferecendo-a para que nela sejam depositadas as propostas ou informações, tendo o rosto voltado para a direita, a fim de não ver o que os Irmãos colocam.

Finda a coleta, depositará a Bolsa no Altar do Venerável Mestre.

Nas Sessões Iniciáticas, auxiliará os Expertos nas viagens e provas dos Candidatos.

No caso de recepção de Visitante ilustre ou de Autoridade da Grande Loja ou do Grande Oriente, o Mestre de Cerimônias organizará a Abóbada de Aço, sob a qual passará o Cortejo; designará também os Irmãos que hão de organizar o cortejo para acompanhar os Visitantes; esse cortejo será organizado também na saída dos Visitantes e Autoridades, que inclui a saída do Venerável Mestre.

∴

Nas Instruções, o Mestre de Cerimônias tem uma única participação:
Venerável – Como fazeis o Sinal, Irmão Mestre de Cerimônias?
Mestre de Cerimônias – Pelo Esquadro, Nível e Perpendicular.
Venerável – O que significa este Sinal?
Mestre de Cerimônias – A honra de saber guardar o segredo, preferindo ter a garganta cortada a revelar nossos mistérios. Significa, também, que o braço direito, símbolo da força, está concentrado e imóvel para defender a Ordem, suas Doutrinas e Princípios.

Os pés em esquadria representam o cruzamento de duas perpendiculares, único caso em que se formam quatro ângulos retos e iguais, significando a retidão do caminho a seguir e a igualdade, um dos princípios fundamentais de nossa Ordem.

TESOUREIRO

Trata-se de um Oficial encarregado de todas as finanças, afora o produto da Bolsa de Beneficência, cumprindo-lhe os pagamentos de todos os compromissos e a arrecadação das Joias e mensalidades, doações e subscrições periódicas.

O dinheiro na linguagem simbólica é denominado "metal", ou "Moedas cunhadas".

Portanto, o Tesoureiro é o "guardador dos metais da Loja" e deles deve, periodicamente, prestar contas, por meio de balanços.

Cumpre-lhe atender às obrigações junto ao Poder Central, efetuando o pagamento de todos os compromissos.

O maçom, para ingressar na Ordem, deve satisfazer o pagamento de uma Joia e, posteriormente, de uma "taxa de capitação" destinada ao Poder Central e de mensalidades para a sobrevivência da Loja. Pagará, outrossim, os Manuais, Rituais e outros papéis apropriados ao seu Grau. Deverá também atender às solicitações extraordinárias para fazer frente aos compromissos da Loja.

A sua colaboração beneficente, que se constitui em depositar um óbulo na Bolsa de Beneficência, não será contabilizada pela Tesouraria.

Nas festividades, todo maçom contribui com sua quota para o brilhantismo dos banquetes, ágapes e quaisquer reuniões recreativas.

O Venerável Mestre ao empossar o Tesoureiro e entregar-lhe a Joia do cargo, que é representada por uma Chave ou duas Chaves cruzadas, contidas num colar, profere:

"Esta Joia deve lembrar-vos que vosso dever é zelar pela perfeita arrecadação das contribuições dos Obreiros e de outras receitas, bem como pela exata execução das despesas da Loja. Deveis ser pontual na entrega à vossa Obediência de todas as taxas que, por Lei, lhe são devidas, pois disso sois o responsável".

O lugar do Tesoureiro é no Ocidente, logo abaixo do Orador, tendo como suporte uma mesa.

É seu dever apresentar, no início da gestão, um plano orçamentário que, aprovado em Loja, deverá seguir à risca.

Certas Lojas nomeiam uma Comissão de três membros para examinar as contas da Tesouraria e dar seu parecer para que, submetidas a plenário, sejam aprovadas.

Nicola Aslan transcreve em seu livro *Comentários ao Ritual do Aprendiz*, citando Oswald Wirth, considerações oportunas que repetimos:

"Chave mestra das Lojas modernas, o Tesoureiro recebe os metais sem os quais as Oficinas não teriam meios para se reunirem.

Um abrigo de pranchas, erigido no canteiro de obras da construção, não basta mais aos maçons que se tornaram "especulativos"; tampouco se satisfazem de uma sala qualquer que o Ritual transformava em Santuário momentâneo.

Em nossos dias as Lojas fazem questão de se reunirem em local permanente, disposto segundo as suas conveniências e tão ricamente adornadas quanto possível. Isto custa bastante, justificando os direitos de Iniciação e as cotizações anuais (ou mensais) impostas.

Desconhecido outrora, o Tesoureiro tende a ser o primeiro em importância de todos os Oficiais; não poderia ser diferente em nosso tempo de culto ao bezerro de ouro.

Se, a seu modo, os Santuários maçônicos relembrassem a beleza das antigas catedrais, poderíamos nos resignar aos abusos capitalistas da Maçonaria; mas como a estética se sobrepõe raras vezes sobre o luxo ostentado, não seria mais conveniente voltar-se novamente a uma simplicidade maior?

A Maçonaria pode ser praticada de forma mais econômica, em benefício de sua espiritualização.

Uma iniciação menos formalista, porém mais real, poderia reduzir a pompa ao máximo sem cair em excesso de austeridade. Evitando-se o fausto que torna escravo e apenas retém os espíritos frívolos, convém rebuscar as obras de arte, cujas reproduções ornamentariam a preço módico os locais mais modestos.

Possuir um tesouro em espécie e sob a forma de uma conta no banco não é um ideal iniciático; outras riquezas são mais preciosas aos Iniciados…"

Nas Instruções, o Tesoureiro apenas participa da quarta Instrução:

Venerável – O que vistes, ao entrar em Loja, Irmão Tesoureiro?

Tesoureiro – Nada, Venerável Mestre, pois uma espessa venda cobria meus olhos.

Venerável – O que vistes quando vos concederam a Luz?

Tesoureiro – Estando entre Colunas vi, então, o Pavimento Mosaico e o Livro da Lei sobre o Altar.

HOSPITALEIRO

O Hospitaleiro é um Oficial encarregado de levantar os óbulos e praticar a beneficência.

Senta-se na primeira cadeira, à direita da Câmara do Meio, na Coluna dos Companheiros.

O Hospitaleiro, em Loja, tem apenas a função de, em seu giro, apresentar a Bolsa aos Irmãos, obedecendo à ordem hierárquica, recolhendo, de forma discreta, os óbulos.

Sua outra função diz respeito à prática da caridade que exerce fora da Loja.

A coleta dos óbulos destina-se a formar um fundo de beneficência para atender casos urgentes de algum Irmão necessitado.

Embora a seleção dos Candidatos seja rigorosa e inclua também a sua situação financeira para o atendimento das obrigações sociais, todos estamos sujeitos aos reveses da vida e, não raro, nos vemos necessitados de um amparo. A quem devemos recorrer em primeiro lugar, senão à nossa Loja?

Discretamente, a "Hospitalaria" atende às solicitações dos Irmãos necessitados, ou atende aos pedidos que o Venerável Mestre lhe faz, ou as sugestões dos próprios Irmãos.

A timidez dos Irmãos em solicitar auxílio é constrangedora, por esse motivo o Hospitaleiro, mostrando-se compreensivo, os atende mantendo sigilo, uma vez que não tem obrigação alguma de revelar como aplica os fundos de beneficência.

Os óbulos arrecadados ficam sob a responsabilidade do Hospitaleiro, que os registra em livro caixa próprio e dá, se desejar, contas diretamente ao Venerável, sem o conhecimento da Loja.

Está errado o Hospitaleiro, após o giro, entregar a Bolsa ao Irmão Orador para conferir o conteúdo que passa à Tesouraria; está errado contabilizar o fruto da Bolsa de Beneficência com os demais metais da Loja.

Há um aspecto esotérico de grande valor a ser considerado.

Obedecendo à ordem hierárquica, quem primeiro deposita o óbulo será o Venerável Mestre, que coloca sua mão (direita) dentro da Bolsa, "juntando" ao óbulo suas "vibrações", dando de si mesmo, emitindo sua força e energia, com a dupla finalidade de imantar o óbulo e deixar na Bolsa energia para que o Irmão subsequente, ao depositar seu óbulo, se beneficie dessa energia.

O giro é executado em silêncio. Apenas há um fundo musical apropriado para que os Irmãos possam meditar no seu gesto; dando-se a si mesmos em benefício da coletividade e de quem receberá os óbulos imantados.

O Hospitaleiro parte de "entre Colunas", local neutro, e retorna a elas após ter completado o giro.

Como ele é o último a depositar o óbulo, é quem recebe a carga mais positiva; é uma preparação para que possa com acerto usar dos metais recebidos. A Loja o encarrega de fazer a beneficência.

Concluída a arrecadação, o Hospitaleiro, ao final da Sessão, retira o conteúdo e o guarda.

Por se tratar de metais "imantados", ou seja, que recebem a boa vontade dos Irmãos, a bendição vinda do coração, o Hospitaleiro, sempre que possível, para sua beneficência, usará aquele mesmo dinheiro arrecadado; não o substitui por cheque ou notas de valor maior.

A Bolsa, no seu giro, cumpre um ato cerimonioso, revestido de espiritualidade.

Mesmo que a beneficência a ser feita possa parecer modesta, ela chegará às mãos do necessitado como um bem precioso que resolverá sua crise momentânea, uma vez que o dinheiro recebido traz consigo o amor fraternal da Loja.

Cada Irmão que contribui deve conscientizar-se de que está auxiliando a alguém necessitado e que merece atenção; o valor não está na quantidade, mas na qualidade do óbulo.

A segunda função do Hospitaleiro é visitar os enfermos, levando a notícia para os Irmãos da Loja. A esse respeito, poderá apresentar mensalmente, ou ao final de sua gestão, um relatório de suas atividades.

Caso não haja Irmão necessitado, o Hospitaleiro poderá, a seu livre-arbítrio, entregar uma colaboração a alguma casa de caridade ou mesmo a alguém profano, mas necessitado.

O Hospitaleiro deverá comunicar à Loja quais os Irmãos enfermos ou que necessitem de visitação, para que outros Irmãos possam, por sua vez, também exercer a visitação.

A Joia do Hospitaleiro é uma "Bolsa".

Todo maçom é obrigado a contribuir para a Bolsa de Beneficência, uma vez que o giro ritualístico faz parte do cerimonial da Sessão.

MESTRE DE BANQUETES

O Mestre de Banquetes é um Oficial que atende à parte social da Loja; sua Joia são dois Bastões cruzados, ou uma Taça, ou uma Cornucópia; senta-se na primeira cadeira da Coluna do Sul, na primeira fila, próximo ao Hospitaleiro.

De conformidade com o uso da Loja, em cada Sessão, ao final, na Sala dos Passos Perdidos ou numa sala apropriada, os Irmãos se reúnem para se confraternizar. A reunião não caracteriza propriamente um banquete, mas um simples "ágape".

Após uma Sessão de Iniciação, os Irmãos se reúnem em banquete organizado pelo Mestre de Banquetes, que providenciará a ornamentação da sala, o que há para ser consumido e cuidará para que nada falte e que haja ordem hierárquica quanto aos lugares a serem ocupados.

A Tesouraria proverá os metais necessários para custear os gastos, uma vez que não cabe ao Mestre de Banquetes arrecadar as contribuições.

Para melhor esclarecimento, já que raros são os Rituais de Banquetes, ousamos transcrever o que é usado pelo Grande Oriente do Brasil, consoante original de 1942:

LOJA DE MESA ou BANQUETE

Preliminares : Os banquetes maçônicos devem realizar-se em salas especiais, nos edifícios maçônicos, ou clubes sociais, ou restaurantes ou hotéis, pois é exigido um espaço adequado para abrigar o grande número de convivas.

Os Irmãos sentam-se ao redor de uma ampla mesa, em forma de Ferradura, em cuja volta exterior sentam-se o Venerável Mestre e os convidados especiais, ficando o Orador à direita e o Secretário à esquerda.

Os Mestres de Cerimônias e de Banquetes ficam na parte interior da ferradura.

Na mesa haverá uma ornamentação floral composta de tantas flores quantos forem os convivas; sobre a mesa, duas fitas abrangendo toda a extensão servem para demarcar a posição dos copos ou taças.

O uso do Avental é abolido, mas os participantes continuam a usar suas insígnias.

Os Vigilantes e o Venerável Mestre fazem uso de seus Malhetes.

Cada elemento toma um nome específico simbólico, a saber:

Toalha	Bandeira Grande
Copos	Armas ou Canhões
Colheres	Trolhas
Pratos	Telhas
Garrafas	Barricas
Garfos	Picaretas

Facas	Espadas ou Alfanjes
Guardanapos	Bandeiras
Mesa	Bandeja Grande
Travessas	Bandejas
Luzes	Estrelas
Água	Pólvora Fraca
Café	Pólvora Preta
Cerveja	Pólvora Amarela
Iguarias	Materiais
Pão	Pedra Bruta
Sal	Areia Branca
Pimenta	Areia Amarela
Licores	Pólvora Forte
Vinho	Pólvora Forte
Comer	Mastigar ou Demolir os Materiais
Beber	Fazer Fogo

Os trabalhos iniciam-se com a ordem do Venerável Mestre para que os serventes cumpram o seu dever.

Os serventes ou garçons são Aprendizes designados pelo Mestre de Banquetes.

Depois de constatado que a sala está a coberto (devidamente fechada), o Primeiro Vigilante verifica se os convivas têm o direito de tomar parte nos trabalhos. A verificação constata se todos colocam a mão esquerda na forma convencional sobre a mesa.

Venerável – Irmão Primeiro Vigilante, para que estamos aqui reunidos?

Primeiro Vigilante – Para festejarmos a Fraternidade e para estreitarmos o laço que nos une.

Venerável – Irmão Segundo Vigilante, qual é o laço que nos une?

Segundo Vigilante – O da solidariedade.

O Venerável Mestre declara abertos os trabalhos e concede a palavra ao Orador, que profere um discurso em relação ao ato.

Em seguida, os Irmãos são liberados para a "Mastigação", e os serventes os servem, distribuindo o alimento e a bebida.

Após o primeiro serviço, têm lugar as "saúdes", que são em número de cinco.

Venerável – Irmãos Primeiro e Segundo Vigilantes, convidai os Obreiros de vossas Colunas, assim como eu convido os do Oriente, para carregar e alinhar para a primeira saúde de obrigação.

Feito o anúncio, repetido pelos Vigilantes, os Irmãos servem-se do vinho e colocam os copos na linha demarcada pela fita; as garrafas formam uma segunda linha.

Venerável – Irmãos Vigilantes, tudo está alinhado nas Colunas?

Obtida resposta afirmativa, todos se levantam, com os guardanapos colocados no antebraço esquerdo.

Venerável – Meus Irmãos, a saúde que tenho a honra de propor-vos é a do Brasil.

– Atenção, meus Irmãos.

– Armas na mão, em frente (*os presentes pegam os copos e os levam à frente, à altura do queixo*).

1º) Ao povo, a quem pertence a soberania! Fogo! (*Bebe-se uma vez*).

2º) À representação nacional, aos Poderes estabelecidos pela Constituição! Bom Fogo! (*Bebe-se pela segunda vez*).

3º) À glória e à prosperidade do Brasil! O mais vivo de todos os fogos. (*Bebe-se pela terceira vez, levando o copo abaixo do queixo e à altura do ombro direito*).

– Armas em frente! (*Traz o copo à altura do queixo e à frente*).

– Armas em descanso. Um, dois, três! (*Leva-se o copo ao lado esquerdo do peito, depois ao direito, depois em frente*).

– Um, dois, três!

– Um, dois, três! (*Repetem-se os movimentos e, no terceiro, depositam-se os copos sobre a mesa, de modo que seja um gesto uniforme*).

– Espada na mão direita! (*Toma-se a faca com a mão direita*).

– Saudação com a Espada! (*Ergue-se a espada*).

– Descansar a Espada! (*Coloca-se a faca sobre a mesa*).

– A mim, meus Irmãos: pelo Sinal, pela Bateria, pela aclamação, Viva o Brasil! (*Executa-se e todos se sentam*).

∴

Venerável – Meus Irmãos, a saúde que tenho a honra de propor-vos é a do Grande Oriente do Brasil (ou Grande Loja), assim como das Oficinas da Federação.

Segue-se o cerimonial supraindicado.

⁂

Primeiro Vigilante – Peço a Palavra, Venerável Mestre.
Venerável – Tendes a palavra, meu Irmão.
Primeiro Vigilante – Respeitável Mestre, peço-vos que façais carregar e alinhar para uma saúde que terei a honra de propor.
(O Venerável convida o Orador e o Segundo Vigilante para carregar e alinhar os canhões do Oriente e da respectiva Coluna.)
Venerável – Irmão Primeiro Vigilante, tudo está carregado e alinhado. Qual é a saúde que quereis propor?
Primeiro Vigilante – É a vossa, Venerável Mestre. Irmãos Orador e Segundo Vigilante, juntai-vos a mim, com os Irmãos do Oriente e de vossa Coluna.
Meus Irmãos, em pé e à ordem e espada na mão.
1º) Ao nosso prezado Venerável Mestre, Fogo!
2º) Aos entes que lhes são caros, Bom Fogo!
3º) À prosperidade de nossa Oficina! O mais vivo de todos os fogos!
(Segue-se o mesmo cerimonial referido acima.)

⁂

Venerável – Irmãos Primeiro e Segundo Vigilantes, a saúde que tenho a honra de vos propor é a dos Membros desta Oficina, dos Ilustres Irmãos Visitantes e das Potências Maçônicas Estrangeiras.
(Segue-se o cerimonial indicado.)
1º) Aos Membros desta Augusta Oficina! Fogo!
2º) Aos Ilustres Irmãos Visitantes! Bom Fogo!
3º) Às Potências Maçônicas Estrangeiras! O mais vivo de todos os Fogos!

⁂

Conforme o Venerável Mestre entender, pode-se seguir a quinta saúde ou suspender os trabalhos, quando são convidados os Irmãos serventes a sentarem-se à mesa. Reencetados os trabalhos, segue-se o cerimonial anterior e o Venerável Mestre diz:

Venerável – De pé e à ordem e formemos a Cadeia de União.

(Todos se levantam, dão a ponta do guardanapo aos que lhes ficam imediatamente, à direita e à esquerda, e pegam igualmente, com a mão esquerda, a ponta do guardanapo dos vizinhos, conservando sempre a faca na mesma mão direita; a mão direita é colocada à ordem, como Aprendiz.)

– Meus Irmãos, a saúde que tenho a honra de propor-vos é a de todos os maçons espalhados na superfície da Terra, tanto na prosperidade como na adversidade.

– A todos os maçons da Terra! Fogo!

(Segue-se o cerimonial já executado nas saúdes anteriores; o Venerável ordena que se proceda ao giro da Bolsa de Beneficência.)

Venerável – Meus Irmãos, à ordem de mesa. Irmão Primeiro Vigilante, qual é para os maçons o salário dos seus trabalhos de mesa?

Primeiro Vigilante – Um duplo benefício.

Venerável – Irmão Segundo Vigilante, que benefício alcançamos hoje?

Segundo Vigilante – O Contentamento e a Esperança.

Venerável – Sendo assim, Irmãos Primeiro e Segundo Vigilantes, anunciai em vossas Colunas, assim como eu anuncio no Oriente, que os trabalhos de mesa vão ser encerrados.

(Bate as três pancadas de Aprendiz repetidas pelos Vigilantes.)

– Os trabalhos de mesa estão fechados.

Todos se levantam e permanecem no recinto em confraternização.

OS DIÁCONOS

Dois são os Diáconos na Loja; o Primeiro senta-se ao lado do Trono, logo abaixo dos degraus, à direita do Venerável Mestre.

O Segundo senta-se à direita do Primeiro Vigilante.

O Primeiro transmite as ordens do Venerável Mestre ao Primeiro Vigilante, deslocando-se do seu lugar para levar o Toque e a Palavra Sagrada, bem como qualquer ordem da Venerança. É o elo entre o Venerável e o Primeiro Vigilante.

O Segundo Diácono leva as ordens, o Toque e a Palavra Sagrada ao Segundo Vigilante, bem como as ordens do Primeiro Vigilante.

A "Diaconia" deriva da Igreja Católica, que assim dispõe:

"No grau inferior da hierarquia encontram-se os Diáconos. São-lhes impostas as mãos não para o sacerdócio, mas para o serviço. Para a ordenação ao Diaconato, só o Bispo impõe as mãos, significando assim que o Diácono está especialmente ligado ao Bispo nas tarefas de sua "Diaconia".

Quanto aos Diáconos "a graça sacramental lhes concede a força necessária para servir ao povo de Deus, na 'Diaconia' da liturgia, da palavra e da caridade, em comunhão com o Bispo e seu presbitério".

Mas os membros não têm todos a mesma função. Certos membros são chamados por Deus, não pela Igreja, a um serviço especial de comunidade. Tais servidores são escolhidos e consagrados pelo sacramento da Ordem, através da qual o Espírito Santo os torna aptos a agir na pessoa de Cristo-Cabeça para o serviço de todos membros da Igreja. O ministro ordenado é como o ícone de Cristo Sacerdote. Já que o sacramento da Igreja se manifesta plenamente na Eucaristia, é na presidência da Eucaristia que o ministério do Bispo aparece primeiro, e, em comunhão com ele, o dos presbíteros e dos Diáconos.

E na oração consecratória dos Diáconos, a Igreja professa: "Ó Deus Todo-poderoso... fazei crescer... a vossa Igreja. Para a edificação do novo Templo, constituístes três ordens de ministros para servirem ao vosso nome, como outrora escolhestes os filhos de Levi para o serviço do antigo Santuário".

Nas Sagradas Escrituras, temos apenas três referências sobre o vocábulo "Diácono" e uma sobre "Diaconisa":

"Paulo e Timóteo, servos de Cristo Jesus, a todos os Santos em Cristo Jesus, inclusive Bispos e Diáconos que vivem em Filipos" (Filipenses 1:1).

"Semelhantemente, quanto aos Diáconos, é necessário que sejam respeitáveis, de uma só palavra, não inclinados a muito vinho, não cobiçosos de sórdida ganância, conservando o mistério da Fé com a consciência limpa" (Timóteo 3: 8-9).

"O Diácono seja marido de uma só mulher, e governe bem os seus filhos e sua própria casa" (Timóteo 3:12).

As mulheres podiam exercer o cargo de Diaconisas com as mesmas prerrogativas que os homens.

A origem do vocábulo é grega, *diakonos*, que significa "servidor".

A Joia dos Diáconos é uma Pomba colocada sobre um bastão; a pomba é o símbolo do mensageiro. Em algumas Lojas, as Joias são um Sol para o Primeiro Diácono e uma Lua para Segundo Diácono.

No Velho Testamento, encontramos a origem do comportamento da pomba, na saga do Dilúvio:

"Depois, soltou uma pomba para ver se as águas teriam já minguado da superfície da Terra; mas a pomba, não achando onde pousar o pé, tornou a ele para a arca; porque as águas cobriam, ainda, a Terra. Noé, estendendo a mão, tomou-a e a recolheu consigo na Arca.

Esperou, ainda, outros sete dias, e de novo soltou a pomba fora da Arca.

À tarde ela voltou a ele; trazia no bico uma folha nova de oliveira; Assim entendeu Noé que as águas tinham minguado de sobre a Terra" (Gênesis, 8: 8-11).

Os Diáconos, como mensageiros, unem os Vigilantes ao Venerável Mestre, fazendo assim "circular" os Toques e a Palavra Sagrada na Loja.

A função dos Diáconos não se limita a isso, mas zelar pela ordem entre os Irmãos. Ao notar algum distúrbio, o Diácono posta-se defronte ao Irmão "inconveniente" e bate no piso com seu Bastão. Essa advertência é suficiente para o restabelecimento da ordem.

A segurança da Loja é atribuição da "Diaconia", bem como o acompanhamento dos Visitantes até os seus respectivos lugares.

Os Diáconos não se limitam ao contato entre as Luzes, mas a levar a qualquer Irmão a palavra (ordens, comunicações) das Luzes.

Na abertura dos trabalhos, o Venerável Mestre, dirigindo-se ao Segundo Diácono, diz:

Venerável – Qual é o vosso lugar, Irmão Segundo Diácono?

Segundo Diácono – À direita do Altar do Irmão Primeiro Vigilante.

Venerável – Para que, meu Irmão?

Segundo Diácono – Para ser o executor de suas ordens e velar para que os Irmãos se conservem nas Colunas com o devido respeito, disciplina e ordem.

Venerável – Onde tem assento o Irmão Primeiro Diácono?

Segundo Diácono – À direita e abaixo do sólio, Venerável Mestre.

Venerável – Para que ocupais esse lugar, Irmão Primeiro Diácono?

Primeiro Diácono – Para transmitir vossas ordens ao Irmão Primeiro Vigilante e a todos os Dignitários e Oficiais, a fim de que os trabalhos sejam executados com ordem e perfeição.

Na cerimônia de Iniciação, os Diáconos não tomam parte direta do cerimonial, mas estão a postos para executar as ordens da Venerança e de Vigilância.

Os Bastões que os Diáconos carregam são brancos, ao contrário do usado pelo Mestre de Cerimônias, que é negro.

CHANCELER

Chanceler é o Oficial da Loja que tem assento na Coluna do Sul, ao lado, após a balaustrada do Secretário, fazendo frente ao Tesoureiro.

Compete-lhe examinar a documentação da Loja, apor-lhe com o timbre ou selo as insígnias da Loja, registrar em livro próprio a documentação, manter o Livro de Presenças, relacionar a frequência dos Irmãos, relatar sobre o tempo de trabalho dos Aprendizes e Companheiros, para efeito de aumento de salário, ter a relação dos Irmãos aniversariantes bem como de seus familiares e manter o "Livro Negro" da Loja, onde estão registrados os Candidatos refugados.

A Loja é um Timbre.

É denominado também como "Guarda dos Selos", pois pode a Loja apor a documentação, um selo; antigamente, o Timbre que era de metal era aposto sobre uma mancha de lacre que encerrava o documento; essa função era tida como selar o documento.

No dicionário *Aurélio*, o verbete vem assim expresso:

"Chanceler. Antigo magistrado a quem competia a guarda do selo real; sinônimo: guarda selos; funcionário encarregado de 'chancelar' documentos ou diplomas; Ministro das Relações Exteriores de um país".

Chancela: "Selo pendente; selo a branco; rubrica gravada em sinete para suprir assinatura em documentos ou pôr a marca da repartição. Ato de chancelar".

Na abertura da Loja de Aprendizes, o Chanceler tem a seguinte participação:

Venerável – O que é a Maçonaria, Irmão Chanceler?

Chanceler – Uma Instituição que tem por objetivo tornar feliz a Humanidade pelo amor, pelo aperfeiçoamento dos costumes, pela tolerância, pela igualdade e pelo respeito à Autoridade e à religião.

Venerável – Ela é regional?

Chanceler – Não, Venerável Mestre, ela é Universal, e suas Oficinas espalham-se por todos os recantos da Terra, sem preocupação de fronteiras e de raças.

No cerimonial Iniciático, o Chanceler limita-se – durante as provas dos Candidatos, enquanto vendados – a colocar-lhes, como se fora uma marca de fogo, o Timbre da Loja.

Os Livros que o Chanceler usa devem ser registrados em dia; quanto ao Livro de Presença, também denominado *Ne Varietur*, os Irmãos, na Sala dos Passos Perdidos, apõem as suas assinaturas, grau, idade e endereço; o Chanceler fornece ao Secretário o número de presentes em Loja, destacando os Visitantes, cuja relação fornece ao Orador para que sejam, oportunamente, saudados. Fornecerá, outrossim, a relação dos aniversariantes para que o Orador os cumprimente, e os presentes, os aplaudam.

É obrigação do Chanceler manter uma "grade" de frequência e informar ao Venerável Mestre dos Irmãos ausentes que não justifiquem sua ausência; consoante o caso, o Venerável Mestre determinará ao Secretário que envie correspondência a esses Irmãos ou solicitará ao Hospitaleiro que os visite.

Ao final de cada gestão ou período fixado pela Loja, o Chanceler apresentará o relatório de sua Chancelaria, tecendo comentários sobre seu trabalho e fazendo sugestões pertinentes.

Todo pedido de elevação deve passar pela Chancelaria com a finalidade de o Chanceler informar sobre a assiduidade do Candidato.

O Livro de Presença será entregue ao final da Sessão ao Venerável Mestre, que o assinará, enviando-o, posteriormente, pelo Primeiro Diácono, ao Orador e Secretário que, por sua vez, também o assinarão. Os demais Oficiais não assinam, pois já o fizeram antecipadamente.

A entrega das relações e Livros ao Secretário e Orador, bem como os documentos selados, o Chanceler a fará por meio do Segundo Diácono, ou ao Mestre de Cerimônias.

Para exercer o cargo de Chanceler, deve ser escolhido um antigo Membro da Loja que possua as qualidades de ordem, exatidão, zelo, critério e assiduidade aos trabalhos. O cargo só poderá ser exercido por um Mestre.

PORTA-ESTANDARTE

Estandarte provém do francês antigo *estandart* e se trata de uma espécie de bandeira, com formato retangular ou em formato quadrangular, confeccionado em material resistente, como seda, veludo ou tecido similar.

Na parte superior o pano é enfiado em uma haste de madeira ou metal, em cujas pontas veem-se "ponteiras" e, na parte inferior, termina em um ou vários ângulos.

Cada Loja possui um Estandarte privativo, contendo a saudação ao Grande Arquiteto do Universo, o nome da Loja, da Obediência e a data da fundação, podendo conter os símbolos característicos maçônicos.

Tanto na parte superior, nas laterais, como na inferior, nas pontas, veem-se borlas que podem ser compostas com fios de seda, ou de metal dourados.

O Estandarte pende de um cordão fixo em uma haste, parte móvel que pode ser retirada para enrolar o pano para ser guardado em local apropriado, para ser preservado contra a poeira.

O Estandarte é a insígnia da Loja.

O Porta-Estandarte é um Oficial da Loja encarregado de hasteá-lo na abertura da Loja, colocando-o em local próprio, na entrada da Balaustrada ou próximo à parte do fundo, sempre no Oriente.

Ao iniciarem-se os trabalhos de abertura, o Porta-Estandarte ergue-se e sustém o Estandarte, segurando-o pela haste, e permanece em pé até que o Venerável Mestre determine que os Irmãos se sentem.

No encerramento, procede da mesma forma e, ao concluirem-se os trabalhos, encarrega-se de guardar o Estandarte em seu local apropriado.

O Porta-Estandarte é o responsável pela conservação do Estandarte. Sua participação é mínima.

Nas cerimônias maçônicas, como na colocação de uma Pedra Fundamental, em funerais, ou atividade cívica, em que a Loja se apresenta em conjunto, o Porta-Estandarte deverá estar presente portando o Estandarte.

Nas inaugurações dos Templos, as Lojas convidadas trarão, além das Luzes, os seus Estandartes empunhados pelos Porta-Estandartes, que se colocarão no Oriente, juntos aos respectivos Veneráveis. Os

Porta-Estandartes manterão junto a si o respectivo Estandarte, segurando-o com a mão direita, descansando a haste no piso da Loja.

O préstito, vindo do Átrio, será formado a partir da Loja mais antiga.

O Ritual de Inauguração de um Templo assim dispõe: "Aberta a Porta, o Primeiro Experto afasta-se para deixar passar o préstito, que se dirige ao Oriente tendo à frente o Presidente, depois o Secretário, o "Porta-Bíblia" ou os Porta-Estandartes, o Porta-Espada, os dois Mestres de Cerimônias e, por último, os que conduzem os instrumentos simbólicos. Tendo entrado o préstito, entram também os dois Guardas, fecham a porta e ficam diante dela, de frente para o Oriente e de Espada na mão. Chegando ao Oriente, o Presidente tira o véu que encobre o quadro onde está o Triângulo Luminoso e depois, tomando o Fogo Sagrado, acende o Candelabro da Mesa do Presidente. O Grão-Mestre toma o seu lugar no Trono."

PORTA-ESPADA

O Porta-Espada tem assento no Oriente, na entrada da Balaustrada, à direita do Trono, fazendo frente ao Porta-Estandarte.

Mantém a Espada embainhada e, ao iniciarem-se os trabalhos, estando todos de pé, desembainha a Espada e a mantém ereta frente ao rosto, até que a abertura se proceda; depois torna a embainhar a Espada, sentando. A Espada permanece presa à cintura com seu cinto característico.

O Porta-Espada usa a Espada apenas na solenidade de inauguração de Templos, fazendo parte do préstito.

Sua ação é limitada ao ato simbólico de embainhar e desembainhar a Espada, simbolizando a presença da Força e da Justiça.

O local onde permanece a Espada, dentro do Templo, é junto à Coluna do Norte.

De uma prática, as Lojas apresentam suas Espadas originadas do Exército de épocas passadas – portanto, Espadas Militares; outras, possuem espadas fantasia, ou seja, confeccionadas exclusivamente para a Maçonaria, com a característica de que não são aguçadas nem afiadas.

A Espada foi introduzida na Maçonaria Especulativa pelo Cavaleiro André Miguel Ramsay em 1738 e era "ondulada", denominada, mais tarde, de "flamejante". Transcrevemos três definições de ilustres maçons, a saber:

"Para os maçons, a Espada é, pois, um símbolo de proteção contra o mundo profano, um símbolo de consciência, mas também um símbolo de honra, de combatividade e de igualdade" (Nicola Aslan).

"A Espada, além de simbolizar a Honra e o Valor, é a insígnia do Poder e do Mando" (Luiz Umberto dos Santos).

"A Espada Flamígera é a verdadeira insígnia do Venerável Mestre. Este instrumento é, também, a arma apropriada para os Irmãos Guardas dos Templos, símbolo de segurança com a qual devem desempenhar a sua tarefa, e por serem os únicos Funcionários que, depois do Venerável, devem usá-las nas cerimônias maçônicas" (Luiz Umberto dos Santos).

Inicialmente, busquemos a origem da Espada e a encontraremos já na idade do homem pré-histórico, quando inventou os instrumentos de metal, embora não tenhamos uma data precisa ou um modelo material.

A Espada maçônica ou a "Ondulante", ou ainda, a "Flamejante", certamente, já tendo o homem dominado com maestria a arte de fundir metais, como o cobre, o bronze, o ferro e o aço, foi inspirada no Livro Sagrado.

Todos possuem um Livro Sagrado, mas a pesquisa demanda tempo e assim, para facilitar, transcreveremos algumas referências. Antes, vejamos a definição exata do que seja "flamejante".

No vernáculo, "flamejante" significa: "que flameja", ou seja, "expele chamas".

Vejamos as versões de que dispomos:

"E lançou fora a Adão; e pôs diante do Paraíso de Delícias um Querubim com uma Espada de Fogo e versátil, para guardar o caminho da Árvore da Vida" (Gênesis 3:24).

"E expulsou o homem, colocou Querubins ao oriente do jardim do Éden, e o refulgir de uma Espada que se revolvia, para guardar o caminho da Árvore da Vida".

"So he drove out the man; and he placed at the east of the garden of Eden Che'u-bims, and a flaming sword which turned every way, to keep the way of the tree of life." (Genesis 3:24, version King James.)

"Echó pues fuera al hombre, y puso al oriente del huerto del Eden querubines, y una espada encendida que se revolvia a todos lados para guardar el camino del árbol de la vida". (Versión de Cipriano de Valera.)

"Il chassa donc l'homme; et il plaça à l'orient du jardin d'Eden les cherubins et la lame d'épée flamboyante, pour garder le chemin de l'arbre de vie". (Version D'Ostervald, Paris.)

Com essas transcrições estamos aptos a entender claramente o que é uma Espada Flamejante.

As Sagradas Escrituras nos fornecem notícias a respeito da Espada, o seu uso pacífico, simbólico, homicida, defesa, agressão, punição e advertência, desde o Livro do Gênesis até o Apocalipse.

Constata-se pelos Rituais e obras maçônicas que, além de a Espada Maçônica ser a Flamejante, ela é considerada "plana", ou seja, de um só gume, pontiaguda, porém, sem fio.

A Espada de dois gumes, já referida entre os hebreus, apresenta curioso simbolismo:

"Viu, pois, a jumenta o Anjo do Senhor, parado no caminho, com sua Espada desembainhada na mão; pelo que se desviou a jumenta do caminho, indo pelo campo; então Balaão espancou a jumenta para fazê-la tornar no caminho.

...Então o Senhor abriu os olhos a Balaão, e ele viu o Anjo do Senhor que estava no caminho, com sua Espada desembainhada na mão; pelo que inclinou a cabeça e prostrou-se com o rosto em terra" (Números 22:23 e 22:31).

Vemos em vários trechos bíblicos estarem os Anjos armados com Espadas.

"O Senhor deu ordem ao Anjo, e ele meteu a sua Espada na bainha" (Crônicas 21:27).

Essas Espadas, dezenas de vezes referidas, apresentavam-se "afiadas":

"Se Eu (o Senhor) afiar minha Espada reluzente, e a minha mão exercitar o juízo, tomarei vingança contra os meus adversários e retribuirei aos que me odeiam. Embriagarei as minhas setas de sangue (a minha Espada comerá carne) do sangue dos mortos e dos prisioneiros das cabeças cabeludas do inimigo..." (Deuteronômio 32:41-42).

O exercício do Juízo de Deus é feito por meio de Espada reluzente.

"Feliz és tu, Israel! Quem é como tu? Povo salvo pelo Senhor, escudo que te socorre, Espada que te dá alteza" (Deuteronômio 33:29).

Israel é comparada a uma Espada, símbolo da realeza.

"A causa deste mal se acha nele, temei, pois, a Espada, porque tais acusações merecem o seu furor, para saberdes que há um juízo" (Jó 20:29).

A aplicação da Justiça é simbolizada sempre pela Espada.

"Se o homem não se converter, afiará Deus a sua Espada" (Salmo 7:12).

"Levanta-se, Senhor, defronta-os, arrasa-os; livra do ímpio a minha alma com a tua Espada..." (Salmo 17:13).

"Esconde-me da conspiração dos malfeitores e do tumulto dos que praticam a iniquidade. Os quais afiam a língua como Espada..." (Salmo 64:2-3).

A comparação entre a palavra, a boca e a língua, com a Espada vai do Velho até o Novo Testamento.

"Ouvi-me, terras do mar, e vós povos de longe, escutai! O Senhor me chamou desde o meu nascimento, desde o ventre de minha mãe fez menção do meu nome; fez a minha boca como uma Espada aguda, na sombra de sua mão me escondeu..." (Isaías 49:1-2).

"Tomai também o capacete da salvação e a Espada do Espírito, que é a Palavra de Deus" (Efésios 6:17).

"Os restantes foram mortos com a Espada que saía da boca daquele que estava montado no cavalo. E todas as aves se fartaram das suas carnes" (Apocalipse 19:21).

"Há aqueles cujos dentes são Espadas, e cujos queixais são facas, para consumirem na Terra os aflitos, e os necessitados entre os homens" (Provérbios 30:14).

Temos, porém, outras definições e atributos para a Espada:

"Então disse eu: Ah! Senhor Deus! Verdadeiramente enganaste a este povo e a Jerusalém, dizendo: tereis paz; e eis que a Espada lhe penetra até a alma" (Jeremias 4:10).

"Desperta, ó Espada, contra o meu pastor e contra o homem que é o meu companheiro, diz o Senhor dos Exércitos; fere o pastor, e as ovelhas ficarão dispersas; mas volverei a minha mão para os pequeninos" (Zacarias 13:7).

"Quem nos separará do amor de Cristo? Será tribulação, ou angústia, ou perseguição, ou fome, ou nudez, ou perigo ou Espada?" (Romanos 8:35).

"Veio, pois, Gade a Davi e lhe disse: Assim diz o Senhor: Escolhe o que queres: Ou três anos de fome, ou que por três meses sejas consumido diante dos teus adversários, e a Espada de teus inimigos te alcance, ou que por três dias a Espada do Senhor, isto é, a peste na Terra, e o Anjo do Senhor causem destruição em todos os territórios de Israel; vê, pois, agora, que resposta hei de dar ao que me enviou?" (I Crônicas 21:12).

"Então a Assíria cairá pela Espada, não de homem; a Espada não de homem a devorará; fugirá diante da Espada e os seus jovens serão sujeitos a trabalhos forçados" (Isaías 31:8).

Há, ainda, algumas referências à Espada de dois gumes:

"... mas o fim dela (a imoralidade) é amargoso como o absinto, agudo como a Espada de dois gumes..." (Provérbios 5:4).

"Porque a palavra de Deus é viva e eficaz, e mais cortante do que qualquer Espada de dois gumes, e penetra até o ponto de dividir a alma e o espírito, juntas e medulas, e apta para discernir os pensamentos e propósitos do coração" (Hebreus 3:12).

"Tinha na mão direita sete estrelas, e da boca saía-lhe uma afiada Espada de dois gumes. O seu rosto brilhava como o Sol na sua força" (Apocalipse 1:16).

"Ao Anjo da Igreja em Pérgamo escreve: Estas coisas diz aquele que tem a Espada afiada de dois gumes..." (Apocalipse 2:12).

"Sai da sua boca uma Espada afiada, para com ela ferir as nações" (Apocalipse 19:15).

Constata-se facilmente o uso da Espada para diversas situações e finalidades.

As diversas referências sobre a Espada como "Palavra de Deus" nos autorizam a afirmar que a Espada e o Livro Sagrado apresentam-se como sinônimos.

Mesmo para aqueles que definem o Livro não como Sagrado, mas como Livro da Lei, a Espada também simboliza a Lei e a Justiça.

E... por derradeiro:

"Meus Irmãos, não vos torneis, muitos de vós, Mestres, sabendo que havemos de receber maior Juízo.

Porque todos tropeçamos em muitas coisas. Se alguém não tropeça no falar, é perfeito varão, capaz de refrear também todo o seu corpo.

Ora, se pomos freios na boca dos cavalos, para nos obedecerem, também lhes dirigimos o corpo inteiro.

Observai, igualmente, os navios, sendo tão grandes e batidos de rijos ventos, por um pequeníssimo leme são dirigidos para onde queira o impulso do timoneiro.

Assim também a língua, pequeno órgão, se gaba de grandes coisas.

Vede como uma fagulha põe em brasas tão grande selva.

Ora, a língua é fogo; é mundo de iniquidade; a língua está situada entre os membros de nosso corpo e contamina o corpo inteiro, e não só põe em chamas toda a carreira da existência humana, como é posta ela mesma em chamas pelo inferno.

Pois toda espécie de feras, de aves, de répteis e de seres marinhos se doma e tem sido domada pelo gênero humano; a língua, porém, nenhum dos homens é capaz de domar; é mal incontido, carregado de veneno mortífero" (Tiago 3:1-8).

A língua foi considerada uma Espada de dois gumes, porque ela pode ferir e bendizer.

Os Aprendizes devem saber manejar a Espada de tal modo que não fira aos demais e tampouco a si mesmos.

O Rito Escocês Antigo e Aceito possui um Grau em que o maçom, à guisa de saudação, desembainha a sua Espada, leva a lâmina aos lábios para beijá-la, para depois estendê-la ao alto.

Trata-se de uma prática sublime, demonstrando que a Espada jamais será arma que fere, mas Palavra que edifica.

Assim, o Porta-Espada desempenha o seu papel como guardião de um instrumento que apresenta definições variadas.

MESTRE DE HARMONIA

O Mestre de Harmonia é um Oficial que ocupa o lugar atrás da Coluna "J", encostado na parede, onde possui instrumentos musicais.

A música, hoje em dia, provém de aparelho eletrônico; no século passado, o Mestre de Harmonia era organista e o instrumento, um órgão simples.

Eram admitidos músicos sob o comando do Mestre de Harmonia, que se apresentavam em quarteto, tocando música de câmara; obviamente, esses músicos eram maçons.

A Joia do Mestre de Harmonia é uma Lira.

Não possui no desenvolvimento do Ritual, nenhum encargo afora o de produzir, nos momentos adequados, o som.

Durante a procissão de entrada, o fundo musical constará de uma "marcha" que cessará no momento em que o Venerável Mestre sobe ao seu Trono.

Durante os giros das Bolsas de propostas, informações e beneficência, que devem ser executados em silêncio, o fundo musical deverá ser ameno, com melodias que conduzam à meditação.

Na abertura do Livro Sagrado a música deve ser vivaz e, no momento de ser fechado, o som será suave.

Ainda, no fechamento da Loja, quando o Venerável Mestre comanda a saudação final, haverá um fundo musical vibrante com os últimos acordes fortes.

No momento da transmissão da Palavra Sagrada, haverá um fundo musical vibrante; e, assim, na transmissão final.

Nas Sessões Iniciáticas, o fundo musical assume relevo, em especial durante as quatro provas; o Mestre de Harmonia deve selecionar melodias adequadas que auxiliem a imaginação do Candidato e tornem as provas e viagens, de certo modo, realistas.

Finalmente, ao término dos trabalhos, na saída do Templo, a música deverá ser lenta, suave e em surdina, dando a impressão de estar se "apagando".

Toda música de câmara e clássica é adequada; algumas melodias populares, bem selecionadas, que propiciem meditação, podem ser usadas.

Vários são os autores maçons antigos e contemporâneos, como Sibelius, que podem ser usados, visto que há dificuldade para a obtenção. O que deve predominar, porém, é a música de Mozart.

Entre as seiscentas e tantas partituras, algumas foram dedicadas à Maçonaria, como "Abendempfindung" (Sensação de fim de dia); "Die ihr des unermemesslichen Weltalls" (Cantata para solo de tenor e acompanhamento de piano); "Die Zauberflöte" (A Flauta Mágica); "Eine Kleine Freimaurerkantate" (Pequena Cantata Maçônica) e "Lasst uns mit geschlungnen Händen" (Entrelacemos nossas mãos).

A *Flauta Mágica*, que é uma opera, por si só supriria toda a programação de uma Sessão maçônica.

O Mestre de Harmonia deve ser um Irmão que tenha gosto para a música e percepção sensitiva.

ARQUITETO

O Oficial Arquiteto é o responsável pela estrutura da Loja, do seu mobiliário, da ornamentação, dos símbolos, dos instrumentos, Joias, alfaias, enfim, todo apetrecho volumoso para que uma Loja possa funcionar.

Ao ser idealizada uma Loja e construção de seu Templo, é evidente que os Irmãos interessados devem formar uma comissão para orientar o Engenheiro e o Arquiteto que, preferencialmente, deverão ser maçons.

O Arquiteto adentra no Templo antes da abertura dos trabalhos, com o Cobridor Interno, para examinar se tudo está de acordo com a necessidade dos trabalhos.

Periodicamente, deverá prover para que o Templo seja limpo, contratando um profissional (doméstica, zelador, etc.), uma vez que não compete a ele proceder à limpeza, mas sim zelar para que tudo esteja em ordem.

O Arquiteto providenciará os instrumentos necessários para o Grau em que a Loja há de funcionar.

Cabe a ele, finda a Sessão, guardar os elementos que não façam parte da Loja de Aprendiz.

A sua Joia será um Maço e um Cinzel entrelaçados.

Seu lugar na Loja é na Coluna do Norte, na primeira poltrona, ao lado do Tesoureiro.

O Arquiteto da Loja relembra Hiram Abiff, já que a sua participação não se limita aos aspectos materiais; ele há de contribuir para o embelezamento da Alma, pelo comportamento e pelo conhecimento, considerando-se ser o corpo um Templo vivo.

Deverá zelar pela conservação da Pedra Bruta, mantendo-a sempre à vista dos maçons e retirando-lhe as impurezas; orientar os Aprendizes que sentam em sua Coluna sobre como devem manejar o Maço e o Cinzel. Há de zelar pela Câmara de Reflexões, fiscalizando a respeito de todos os simbolismos que encerra, mantendo-a sempre limpa e longe das vistas profanas.

Cumpre ao Arquiteto a função de Arquivista; manterá arquivados os Livros e Documentos em desuso, relacionando-os em livro próprio que, anualmente, há de passar para o seu substituto, obtendo um "visto" do Venerável Mestre; providenciará para que na Secretaria haja estantes e arquivos adequados, relacionando as falhas e as apresentando em Loja, propondo renovação de mobiliário e instrumentos necessários.

Durante as Sessões, a não ser para os pronunciamentos particulares, o Arquiteto não tem nenhuma função.

Nas Cerimônias Iniciáticas, também não tem atribuições durante o desenvolvimento do Ritual, mas precederá, sempre, a sua fiscalização para que nada falte para a cerimônia.

É tarefa sua manter em estoque as velas necessárias para a iluminação do Templo, colocando-as, semanalmente, ao redor do Altar ou nos Candelabros.

Deverá prover a obtenção de apagadores, espevitadeiras, incenso, água, perfumes, enfim, todo o material necessário ao bom desempenho dos demais Irmãos.

BIBLIOTECÁRIO

Toda Loja deve possuir sua biblioteca, o que sugere o cargo de Bibliotecário. De nada valeria o cargo sem uma biblioteca.

A Joia do Bibliotecário consta de um Livro e de uma Pena; o Livro poderá ser aberto, com a Pena aposta sobre as páginas, ou fechado, com a Pena colocada sobre a capa.

O Bibliotecário tem assento na Coluna do Sul, ao lado do Mestre de Banquetes, na primeira fileira de poltronas.

Sua função é a de guardar e zelar pela conservação dos livros, revistas, escritos, manuscritos, folhetos, enfim, todo o material de leitura que conservará devidamente catalogados em Livro próprio.

O Bibliotecário não se limita a "guardar" o seu material, mas deverá prover sua aquisição, promovendo campanhas de doação de livros, revistas e demais escritos.

Guardará, também, os Rituais de Irmãos falecidos, e para obtê-los, logo que souber do falecimento, deverá visitar a família e obter toda literatura maçônica, em especial os Rituais.

Assim feito, deverá comunicar o fato à Loja que, por intermédio do Venerável Mestre, determinará o envio de uma prancha à família, agradecendo a doação.

O Bibliotecário deverá manter endereços das editoras que editam livros maçônicos, a fim de obtê-los. Periodicamente, solicitará, em Loja, aos Irmãos a doação desses novos livros.

Cada livro deverá ter o carimbo com o nome e o endereço da Loja; os livros danificados deverão ser consertados, encadernados e conservados com o máximo carinho.

A biblioteca deve estar às ordens dos Irmãos do Quadro, que poderão levar os livros para casa, uma vez preenchida uma ficha adequada e por um período determinado. O Bibliotecário proverá o recolhimento do livro, caso o Irmão não o devolva no prazo estabelecido.

Uma Biblioteca Maçônica não deve conter "qualquer" espécie de livros e não aceitar literatura profana doada.

A seleção deve ser rígida, e assim uma Biblioteca Maçônica conterá: Rituais antigos; legislação antiga e atualizada; dicionários; livros históricos; biografias de maçons ilustres; revistas maçônicas; jornais maçônicos, livros de filosofia, geografia, psicologia, de português, bem como toda espécie de literatura afim, excluindo romances, livros religiosos, políticos, de ficção, etc.

Toda vez que houver uma nova aquisição, o Bibliotecário deverá comunicá-la à Loja para divulgar a leitura.

Deverá manter um catálogo com a descrição dos livros e, se possível, um pequeno resumo para orientação dos Irmãos: deverá obter do Secretário os trabalhos apresentados em Loja e catalogá-los para consulta; anualmente, esses trabalhos deverão ser encadernados.

Compete ao Venerável Mestre fiscalizar o trabalho do Bibliotecário e lhe prestar o auxílio e a orientação necessários.

Capítulo 7

A Loja Maçônica

O local que abriga uma Loja Maçônica denomina-se "Edifício Maçônico", uma vez que a Loja compreende a Sala dos Passos Perdidos, o Átrio e o Templo.

A Loja constitui a "Oficina" de trabalho, denominação mais "íntima", restrita aos Membros do Quadro.

O Visitante não diz ir visitar uma "Oficina", mas sim uma "Loja", e ele será recebido em uma Loja e não em uma "Oficina".

O direito de visitação é fundamental, uma vez que o Visitante esteja apto a responder a um questionário que lhe será apresentado, seja pelo Cobridor Externo ou, dentro do Templo, pelo Venerável Mestre; tendo uma documentação regular, ele terá o direito de assistir aos trabalhos da Loja.

Segundo a tradição, a admissão do Visitante será procedida após a leitura da Ata e do Expediente, precaução necessária para preservar a parte sigilosa dos trabalhos, os assuntos privativos – enfim, o sigilo tradicional. Contudo, essa prática defronta-se com o fato de, ao ser recebido um Visitante, a Loja já ter sido aberta e o Templo dado como estando a coberto.

Na prática, porém, a Porta é aberta várias vezes sem justificativa, o que violaria a cobertura do Templo.

Como a visitação não é frequente, no caso, deveria ser suprimida a leitura da Ata e do expediente reservado.

Estamos longe de uma prática perfeita, mas é saudável lembrar que cobertura do Templo é algo esotérico e místico; a rigor, para reabrir-se a Porta, os trabalhos deveriam ser suspensos, fechado o Livro Sagrado e, após o ingresso do Visitante, feita nova verificação a respeito da cobertura.

Trata-se de um preciosismo tolerado; ao mesmo tempo, são admitidos Oficiais e Irmãos do Quadro, retardatários, prática totalmente desaconselhável, pois, a rigor, não deveriam ser admitidos os retardatários.

O Templo é o local que foi consagrado obedecendo um Ritual próprio, considerado, assim, lugar Santo, ou seja, "sancionado", escolhido e venerado.

Nos três momentos em que os maçons estão no Templo, a entrada, a permanência e a saída, os Irmãos devem manter o máximo respeito, evitando a troca de palavras entre si, permanecendo em silêncio e observando rigorosamente o que prescrevem os Rituais.

O ingresso é feito a partir de uma "procissão" ou "séquito" organizado no Átrio; a saída, também, com a inversão das posições, obedece à mesma ritualística, retirando-se todos em silêncio e com respeito.

Vejamos o aspecto físico de uma Loja:

A SALA DOS PASSOS PERDIDOS

Essa designação poética exprime a existência de um aspecto profano, pois precede uma porta de entrada oficial do Edifício; entre a Sala dos Passos Perdidos e do Templo, há o Átrio como antecâmara, isolando completamente o Templo do mundo profano.

Logo que o maçom adentra no Edifício e passa a encontrar-se com os seus Irmãos, ainda porta consigo a influência profana, tanto pelos assuntos que ventila como pelas vibrações que traz.

Na Sala, a influência profana vai se diluindo pouco a pouco, e os presentes se irmanam, pendendo para a espiritualização, até o momento em que o Mestre de Cerimônias os convoca para a preparação de entrada no Templo.

Todos se retiram da Sala, permanecendo o Cobridor Externo, também chamado Guarda Externo, cuja missão é evitar a entrada de estranhos e receber retardatários e Visitantes.

Pode-se comparar a Sala dos Passos Perdidos ao estado de consciência, em que existe uma realidade e uma individualidade.

Essa Sala tem o aspecto de uma sala comum; uma grande mesa, poltronas e cadeiras, quadros nas paredes, estantes. Enfim, uma sala receptiva onde os Irmãos podem reunir-se para tratar de outros assuntos, mesmo literários, culturais ou de assistência social. Nesse local, inexistindo outro especializado, reúnem-se as esposas dos Irmãos que acompanham os maridos, dando-lhes assistência e colaborando para a beneficência da Loja. Os grupos ou sociedades femininas são muito úteis sob todos os pontos de vista.

O ambiente na Sala ainda traz as sequelas profanas, a agonia das ruas, os assuntos que afligem e perturbam.

O ÁTRIO

O Átrio é a antessala do Templo, um recinto onde são depositadas as Joias, os Aventais, as Alfaias, os instrumentos destinados aos Irmãos, que se vestem para estarem aptos a adentrarem no Templo.

No Átrio não existem assentos, pois a permanência é breve; nas paredes, há quadros onde estão afixados avisos, propostas com fotografias de Candidatos, retratos de Irmãos, enfim, uma decoração singela.

A Porta do Templo está fechada; dentro dele, apenas o Cobridor Interno e o Arquiteto.

No Átrio, os maçons devem afastar dos pensamentos os assuntos profanos. Caso houver entre Irmãos alguma desavença, é o momento propício para uma reconciliação.

O Mestre de Cerimônias observará se todos estão devidamente trajados e revestidos com suas insígnias. Preparará a procissão e organizará o séquito, procedendo à composição da Loja.

Na ausência de algum titular, o Mestre de Cerimônias encontrará algum substituto. A composição da Loja deve ser realizada no Átrio, uma vez que a procissão deve obedecer a uma ordem hierárquica. Em primeiro lugar, adentram os Aprendizes; depois os Companheiros e, finalmente, os Mestres, para em seguida entrarem os Oficiais, sendo primeiro as Luzes. O Venerável Mestre e convidados, como o Ex-Venerável, adentram por último.

Formada a procissão, silenciosamente, todos entram marchando com o pé esquerdo, após as Colunas "J" e "B".

O Átrio atua como se fora a "subconsciência"; nele os Irmãos devem meditar, pois entrarão em um Templo, em si mesmos, no Templo Interno.

O TEMPLO

O Templo é um recinto com o formato de um quadrilátero; uma terça parte é ocupada por um Oriente, dividido com a Câmara do Meio (Ocidente) por uma balaustrada.

No centro da Câmara do Meio, vê-se o Pavimento Mosaico, formado com ladrilhos alternados, brancos e negros.

À frente desse Pavimento vem o Altar; uma mesa elevada de formato triangular, grande o suficiente para suportar o Livro Sagrado, o Compasso e o Esquadro. Ao redor, três estantes que suportam três candelabros de uma só vela.

O Livro Sagrado, entre nós, é a Bíblia ou História Sagrada; preferentemente, um volume maior.

O Esquadro e o Compasso devem ser, de preferência, construídos em madeira.

As velas, de preferência, de cera virgem.

No Oriente, o Trono é composto de uma mesa retangular; sobre ela, um Candelabro com três luzes; uma Espada Flamígera e uma Coluneta da Ordem Jônica; um Malhete, Rituais, Constituição, Estatutos e Regulamentos, bloco e caneta para anotações.

O Trono repousa sobre um estrado de três degraus; cobre a mesa uma toalha com franjas douradas. À frente, um quadro com a Carta Constitutiva.

Três são as poltronas do Trono; a do centro para o Venerável Mestre, a de esquerda para o ex-Venerável e a da direita para o Grão-Mestre ou outra Autoridade presente.

O Estrado pode ser maior e abrigar outras poltronas que são colocadas tão somente quando necessárias, ou seja, em caso de Sessões solenes para receber Visitantes e Autoridades.

No Oriente, deve haver poltronas para receber Mestres Instalados e Visitantes; à direita do Venerável Mestre, a mesa (ou Trono) do Orador; à esquerda, a do Secretário; na entrada da Balaustrada, o Porta-Estandarte e o Porta-Bandeira ou o Porta-Espada.

Ao redor do recinto, abaixo do teto, a Corda dos 81 nós; nas paredes, 12 Colunas zodiacais; acima, a Abóbada Celeste, onde estão os astros e as constelações.

Atrás do Dossel do Venerável Mestre, o Delta Luminoso; ao lado, na parede de fundos, à direita do Venerável Mestre, o Sol; à esquerda, a Lua.

Deve haver na entrada da balaustrada, ou ao fundo, nas laterais do Trono, aparelhos apropriados para suster a bandeira nacional e o Estandarte da Loja.

No Ocidente, ao Norte, o Trono do Primeiro Vigilante; e ao Sul, no meio, o Trono do Segundo Vigilante.

À direita frontal, a Pedra Bruta, acostada ao estrado do Primeiro Vigilante.

Frente ao estrado do Segundo Vigilante, a Pedra Cúbica.

Duas fileiras de poltronas, pertencentes, uma, à Coluna do Sul, ao lado frontal da Coluna "B", e outra defronte, ao Norte, da Coluna "J", sendo ocupadas respectivamente pelos Companheiros e Aprendizes; os Mestres sentam na Câmara do Meio, ou seja, nas primeiras fileiras das poltronas.

No centro, o Pavimento Mosaico, formado de ladrilhos brancos e negros; ao redor, uma Orla Dentada e nas laterais, os Pontos Cardeais.

Defronte ou sobre esse Pavimento, o Altar dos Juramentos circundado por três colunas ostentando luzes.

Sobre a Pedra Bruta, o Malho e o Escopro (cinzel); acostado na Coluna do Norte, uma Alavanca e a Régua das 24 Polegadas; na outra Coluna, a Trolha e a Colher; ainda, ao lado das Colunas, o Nível e o Prumo.

Capítulo 8

O Painel

O Painel do Grau de Aprendiz deve ser exposto na Loja antes da abertura da mesma.

Painel, do castelhano, significa "pano". O nosso *Aurélio* define o vocábulo como quadro, pintura retábulo; relevo arquitetônico, em forma de moldura, sobre um plano.

Na realidade, é um quadro que os ingleses denominam de "Tracing Board," ou seja, a conhecida "tábua de delinear ou a simples prancheta, Joia imóvel de Loja."

Primitivamente, quando inexistiam rituais específicos, os maçons, quando se reuniam, desenhavam no piso da Loja, com carvão ou giz, alguns símbolos maçônicos, como antigamente os cristãos desenhavam uma cruz.

Nos locais onde não havia pisos, como nas grutas, nos galpões e mesmo ao ar livre, esses símbolos eram riscados no solo.

Toda superfície plana comportava esses delineamentos, menos ou mais aperfeiçoados, dependendo de habilidade de quem os traçava.

O fato de a mão do desenhista ou gravador criar os símbolos, já estava demonstrando um poder de a mente ser materializada em desenho, surgindo, ao passar dos tempos, uma série de símbolos que expressavam o desenvolvimento da ideia.

Em alguns Ritos, esses desenhos apresentavam-se "bordados" em panos, que eram desenrolados ao início dos trabalhos e recolhidos ao encerramento.

Esses desenhos eram, por ocasião do encerramento das Sessões, apagados sem deixar vestígios.

Com as sucessivas liberações e tolerâncias da parte do Poder, os Painéis foram substituídos por quadros fixos, introduzidos em data desconhecida. No ano de 1820, o pintor inglês John Harris construiu o Painel em uso até nossos dias.

No passado, reunia-se a Loja inexistindo especificamente os diversos Graus; os maçons, simplesmente, reuniam-se em recintos seguros e fechados.

Ao se dispor as localizações do Venerável Mestre e dos Vigilantes, e, posteriormente, dos demais Oficiais, bem como da colocação do Altar, inexistiam os Instrumentos, que eram supridos pelos desenhos feitos a carvão ou com giz, no piso.

Aquele maçom designado para compor a Loja é quem elaborava os desenhos de forma simples e linear; rapidamente, eram desenhados os principais símbolos destinados à construção, a saber: Esquadro, Compasso, Régua, Nível e Prumo. Com esses desenhos eram concretizadas as principais tarefas dos operários e, assim, surgiam como símbolos característicos.

A abertura do Livro Sagrado emprestava sacralidade, tanto à reunião como ao recinto; da mesma forma, os desenhos davam sacralidade à finalidade da reunião.

Posteriormente, esses símbolos eram, ao final da reunião, apagados, já que o risco do carvão era facilmente removível.

Mais tarde, foram surgindo os reais símbolos, quando os maçons operários que carregavam as suas "ferramentas"as largavam no piso, deixando assim de haver razão para sua duplicidade, uma vez que substituíam os desenhos.

Por coerência, em cada reunião os próprios maçons traziam o símbolo do trabalho, instrumentos que, pelas circunstâncias, eram realmente móveis.

As Lojas, no princípio, eram instaladas ao ar livre, o que justificava a referência às suas dimensões: do Oriente ao Ocidente, do Norte ao Sul, da altura à profundidade.

Na parte ocupada, ou sob uma árvore ou em campo descoberto, no solo arenoso e limpo eram gravados com estilete os símbolos que caracterizavam uma Loja Maçônica.

Inexistia, obviamente, o Livro Sagrado, pois, sem uma imprensa, os livros eram manuscritos e fora do alcance das possibilidades econômicas de um grupo de operários.

Em substituição devia haver, por suposição, algum elemento sagrado sobre o qual eram prestados os juramentos.

Essa fase não está registrada e apenas a tradição transmitida oralmente é que nos dá certeza das existências dessas primitivas Lojas.

Quando o tempo era instável e adverso, com chuvas prolongadas, os maçons não podiam reunir-se ao ar livre e, se não houvesse um refúgio natural, era buscada uma casa "abandonada", pois era rigorosamente vedado instalar a Loja em local habitado.

Essa fase foi superada quando foi decidido que as reuniões seriam nas tabernas. Todavia, não há uma descrição convincente se nessas reuniões em tabernas seriam ou não desenhados em pisos os instrumentos simbólicos.

Antigos autores, como Lionel Vibert, referido por Nicola Aslan em seu *Dicionário*, referem a Loja como um alpendre coberto de palha, notícia que nos vem do ano 1321; mais tarde, Knoop e Jones publicaram o resultado de suas investigações quando descobriram que em 1277 tinham sido construídas, para os trabalhos de edificação da abadia de Vale Royal, duas "Lojas" erigidas para os operários, para os seus trabalhos privativos.

A informação certa é que, em 1772, a Grande Loja da Inglaterra ordenou a construção do "Freemason's Hall", concluída em 1776, onde foi erigida especificamente a primeira Loja como Templo fixo.

Por sua vez, o Grande Oriente da França, no ano de 1788, proibia que as Lojas Maçônicas se reunissem em tabernas.

Como vemos, portanto, o edifício exclusivo para abrigar uma Loja tem notícia relativamente recente.

De 1776 a l820, nessas Lojas "a coberto", decorridos apenas 44 anos, ainda era mantida a tradição de desenhar com carvão, no piso da Loja, os símbolos que caracterizavam a Maçonaria Operativa.

John Harris compôs o primeiro "Quadro" fixo, substituíndo os referidos desenhos no piso. Não consta que Harris tenha sido célebre, pois não vem mencionado em enciclopédias correspondentes.

Conforme os Ritos, esse Quadro assume aspectos diferentes. Para exemplificar, o temos no Rito Schroeder, como bordados sobre uma superfície maior, constituindo um tapete que é desenrolado sobre o piso da Loja abarcando o Ocidente.

Harris pintou o Quadro sobre uma tela sem ser emoldurada; por esse motivo, era facilmente enrolado à frente do Altar, por meio de um singelo cerimonial, depois da abertura do Livro Sagrado. Posteriormente, transformou-se em Quadro emoldurado, o qual após a Sessão era recolhido a uma estante, para permanecer fora da vista dos Irmãos, prática conservada até hoje.

Na atualidade, o Quadro é denominado especificamente "Painel", conservando as características tradicionais adotadas pelo Rito Escocês Antigo e Aceito, segundo o modelo que nos fornece Oswald Wirth.

O Painel apresenta-se sem a desejada uniformidade, pois ora comporta os símbolos principais, ora vem acrescido da Escada de Jacó, do Altar, do Livro Sagrado, da Estrela de Sete Pontas, do Teorema de Pitágoras, etc.

O objetivo do presente trabalho é analisar e tecer considerações sobre a "anatomia" do Painel, abrangendo o estudo do Painel de Harris.

O que inspirou Harris a construir o Quadro foi o fato de que a gravação com carvão no piso da Loja havia sido substituída pela gravação sobre a "Prancheta". Essa "Pancheta" decorria da referência bíblica, quando Hiram Abiff a usava para projetar a sua obra de artífice no embelezamento do Grande Templo de Salomão.

A gravação na Prancheta, por sua vez, era provisória, pois era cancelada ao término da Sessão. Devido a essa Prancheta ser de lousa ou de madeira escura, para o desenho, o carvão era substituído pelo giz. Contudo, Harris para conservar a tradição, desenhou no Painel os símbolos em negro, simbolizando o carvão.

Existem, todavia, Painéis coloridos; nas Lojas atuais, veem-se Painéis em branco e preto e também coloridos, com desenhos lineares ou com estampa completa.

O "Carré long", de Oswald Wirth, apresenta um desenho linear simples, contendo 13 símbolos, e o quadro vem emoldurado, também com simplicidade.

As dimensões do quadro não obedecem a qualquer regra específica, mantendo, contudo, a forma de um quadrilátero, representando o recinto da Loja.

Esse quadrilátero, por sua vez, é um paralelogramo, pois tem ângulos e lados opostos iguais.

Circunscreve o Painel uma moldura que o sustenta, mantendo a forma; esse Painel de Wirth apresenta uma simples moldura, que não possui cornija alguma.

A moldura serve como "marco" ou "delineamento de extremidade"; a cornija, porém, é o filete complementar que torna a moldura mais consistente e lhe dá espaço mais artístico. A palavra deriva do grego e surgiu na arquitetura greco-romana, egípcia, oriental, especificamente para complementar a construção nas partes superiores e serve, também, para enquadrar um objeto, especialmente uma pintura, como a "cornice dos ícones", e é elaborada ou em metal ou em madeira, estuque ou material afim.

A moldura mais antiga que se conhece encontra-se no quadro da *Madona Nicopea*, em São Marcos, Veneza, Itália.

A moldura é o acabamento e o limite que assegura resistência ao Quadro; simboliza uma restrição protetora, impedindo o extravasamento e a invasão.

No Painel, a moldura simboliza o sigilo, a preservação, o segredo e a sacralidade.

Inicialmente, o Quadro era enrolado; portanto, não comportava uma moldura. Posteriormente, com o aprimoramento do desenho e sua transformação em arte, o Quadro passou a comportar o acabamento mais sofisticado e, certamente, a moldura passou a dar-lhe uma decoração mais acentuada.

Lamentavelmente, não temos notícia da existência de quadros primitivos nos museus maçônicos.

A suposição do embelezamento decorre da manifestação artística da Renascença. Como as Colunas do Templo foram adquirindo embelezamento, é de se supor, sem dúvida, que a influência artística do Renascimento tenha alcançado também as Lojas, como alcançaram as edificações das catedrais.

Visitando os principais museus do mundo, constatamos a riqueza de algumas molduras e cornijas, revestidas em ouro e esculpidas com detalhes minuciosos pelo cinzel de verdadeiros gênios.

O filete, quando simples, apresenta-se dourado; a base colocada sobre a madeira é feita com tinta verde ou vermelha, cores apropriadas para receber o ouro laminado.

Sobre a superfície já preparada, passa-se uma demão de verniz cristal e, antes que seque, por meio de uma pinça, as lâminas são colocadas; o ouro funde-se e fica homogêneo, e tem duração prolongada. Temos observado molduras de 300 e 400 anos perfeitamente conservadas.

O quadro pode ser confeccionado com tela colocada sobre um suporte e fixada por meio de pequenas tachas, ou grampos; a tela é a mesma usada pelos pintores; é feita com pano de algodão, seda ou linho; depois, devidamente esticada, colocam-se sucessivas camadas de tinta composta com óleo de linhaça cru e alvaiade, que é um óxido ou de zinco ou de prata e dá brancura e isolamento à tela; uma lixa levemente passada retirará as pequenas asperezas existentes.

Contudo, a maioria dos Painéis é confeccionada em papel apropriado ao desenho. Atualmente, o material plástico é o mais usado porque é mais maleável e de maior duração.

No Painel de Oswald Wirth visualizamos o desenho de forma simétrica e elegante, com traçado fino e claro. Apresenta 13 símbolos, sendo quatro sobre o espaço ocupado pelas duas Colunas; três símbolos colocados entre as Colunas e quatro aos pés das mesmas; sete símbolos estão no espaço aéreo e seis colocados sobre o Pavimento Mosaico.

Esses símbolos são os principais, e o Painel omite alguns outros. O significado de cada um deles é o seguinte:

A CORDA DOS 81 NÓS – Inicialmente, devemos observar o que é essa Corda: uma composição de fios entrelaçados em número suficiente para dar-lhe a grossura desejada; a Corda pode ser confeccionada com fios de cânhamo, linho, algodão ou seda.

O seu fabrico vem da era primitiva, tão logo o homem teve a necessidade de possuir um objeto que lhe servisse para amarrar objetos, a fim de deslocá-los, transportá-los e também, como segurança, para preservar a propriedade, limitá-la e, posteriormente, tê-la como adorno.

Essa Corda, no Painel em observação, apresenta três laçadas, sugerindo o símbolo matemático do infinito; não são propriamente nós, pois essas laçadas são frouxas. Se, porém, forem esticadas, as laçadas transformam-se em nós.

O número três simboliza a tríade em todos os seus aspectos; essas laçadas são *"les lacs d'amour"*.

Nos Templos brasileiros esses laços são em número de 81 e representam, ao mesmo tempo, a Cadeia de União.

Essa Cadeia é fixa, colocada entre as paredes e o teto, e difere da tradicional Cadeia de União móvel, porque os seus elos, representados pelos nós, são interrompidos, pendentes as pontas da Corda, ao lado da Porta cujas borlas repousam no piso da Loja.

A figura no Painel, que também representa a "Prancheta" da Loja dessa Corda, assume a figura de um cálice invertido. Representa, outrossim, o "cordão umbilical", no seu elemento duplo de ligar o maçom à *mater* e transmitir-lhe o alimento.

Entre as várias interpretações, esses nós, de conformidade com o seu número, simbolizam: em número de três, a Tríade; em número de sete, as Artes ou Ciências Liberais; em número de doze, os Signos do Zodíaco e em número de 81, a Fraternidade Maçônica em união.

Nos Templos onde os nós não são em número de 81, é evidente que a Corda terá outra denominação, ou seja: "a Corda da União Fraternal".

As laçadas não passam de um nó em perspectiva e constituem "laços de amor"; o maçom deve ter o cuidado de não transformar as laçadas em nó, que simboliza o egoísmo.

As laçadas advertem que o maçom deve ter o zelo de sempre e apresentar disposição para amar o seu Irmão.

Pensamos que a denominação de "Corda dos 81 nós" não é apropriada e não reflete o objetivo do símbolo.

Os inúmeros fios que, torcidos, formam a Corda, por si sós simbolizam a união no sentido que a "união faz a força".

Temos a antiga história em que um velho genitor chamou os filhos, que eram em número apreciável, ao seu leito de morte e lhes solicitou que lhe trouxessem um feixe de varas; satisfeito o desejo, segurou-o e pediu aos filhos que o quebrassem; um deles, depois de muito esforço, disse ser impossível, e então o velho genitor tomou vara por vara e foi quebrando-as, dando à família a lição de que, enquanto estivessem unidos, ninguém poderia quebrá-los, mas no momento em que se isolassem, seriam presa fácil do infortúnio.

A história da Grécia antiga nos informa que eram usados os cabelos longos das mulheres de Atenas para confeccionar as cordas necessárias para a defesa da cidade.

A importância da Corda está nos fios que, embora débeis, juntos se fortalecem.

As Cordas, no passado, tinham uso maior que em nossos dias, em especial na navegação, cujo cordame solidificava-se face à água do mar; numa Loja Maçônica é relevante a presença do que relembra a tradição e o passado.

A Corda nos Painéis representa os Irmãos do Quadro, que são colocados ao alto como prova de elevação espiritual; são eles que, propriamente, formam o "Círculo Mágico" de autoproteção e irradiam as forças mentais, contribuindo para energizar a todos, por meio dos incessantes fluidos.

Diz-se que, para justificar as reuniões semanais, ao passar as fases da Lua, os maçons recebem na Loja a recarga de suas gastas baterias.

A Corda, por fim, apresenta as terminais em Borlas.

Portanto, a Corda em referência é composta dos fios entreleçados, das Laçadas e das Borlas.

A **BORLA**, por sua vez, é um complemento de adorno formado por múltiplos fios lisos, seguros por um nó; ela pode ser elaborada como as Cordas, em algodão, cânhamo, sisal, juta, seda, fios de ouro, prata ou outro metal nobre, bem como crina, lãs e fibras vegetais.

A Borla é obra de passamanaria e obedece a vários estilos, simples, sofisticados, comuns ou preciosos.

Não se conhece as origens das Borlas. Elas são vistas nas vestimentas dos povos: hindus, chineses, egípcios e bizantinos.

Nos séculos XIV e XVI, assumem relevo na confecção dos trajes, tanto masculinos como femininos, civis ou militares; os capelos eclesiásticos as contêm em números distintos.

Na França, em 1600, as Borlas passam a ser indispensáveis e, em 1865, mantêm-se com esplendor.

Borla em francês é denominada *flocon*, lembrando "flocos"; em inglês, é denominada *puff*, que também dá a ideia de um floco.

Surgem com muita diversidade, iniciando com pequenos flocos de fitas de passamanaria, de várias cores, harmoniosas, de uso genérico, inclusive como Joias. Os cordões de ouro com o acabamento em graciosas borlas foram moda no século passado e conservam-se até hoje.

O nó que reúne os fios da Borla assume vários nomes, como "roseta", "botão", "punho", etc.

A Borla não foi usada apenas para o vestuário, mas também para o mobiliário, cortinados e painéis.

A nomenclatura apresenta-se um tanto confusa, pois alguns autores as confundem com franjas.

A respeito da passamanaria, os enciclopedistas informam: "os passamanes, vindos do italiano *passamano*, significando o trabalho habilidoso das mãos, com fitas e fios, são uma arte, uma indústria e um comércio subsistente até os nossos dias".

Esses artefatos apresentam as seguintes categorias: passamanaria para vestuário feminino (rede, laços, cordões, tranças, franjas, botões, etc.), passamanaria para mobiliário (galões, franjas, cordões, abraçadeiras, etc.), passamanaria metálica (dragonas, galões, torções, etc.), destinados aos militares e galões, palhetas, bem como para ornamentar igrejas e os vestuários de teatro; por fim, passamanaria para carruagens (galões, fitas ornadas de desenhos, etc.). Nesses artefatos, destacam-se as borlas, complementos indispensáveis para a ornamentação.

Atualmente, as borlas são raras nos trajes feminino; subsistem no mobiliário, nos fardamentos militares e no clero.

O clero usa as borlas, uma de cada lado, confeccionadas com fios de ouro; nos chapéus dos cardeais aparecem 15 borlas de cada lado; nos dos arcebispos ,dez de cada lado, e nos dos bispos, seis de cada lado. Deve ficar claro, porém, que essas borlas não pendem dos chapéus propriamente ditos, mas daqueles desenhados nos respectivos escudos.

A Corda, por sua vez, está presente na Loja, compondo o Prumo, pendendo do cordel solto, a prumada.

O misticismo da Corda é refletido no Painel de Wirth quando "abraça"do lado direito o Sol e do lado esquerdo a Lua na fase crescente.

A Borla que desce na parte lateral esquerda da porta "recebe" os fluidos negativos dos maçons que por ela adentram, "descarregando-os" por meio da Borla situada no lado oposto e na Coluna "J".

As vibrações negativas são absorvidas pela terra, como se fossem raios absorvidos por para-raios.

O Painel que sempre reproduz essa Corda é colocado pelo ato que faz parte do cerimonial de abertura da Loja, de modo a despertar uma visualização clara.

O maçom, quando adentra na Loja, nem sempre percorre com o olhar todo o recinto, comunicando-se diretamente com os símbolos.

O Painel objetiva justamente uma concentração única, para que com um rápido olhar vislumbre aquilo que faz parte de sua Iniciação, sentindo-se protegido e seguro para encetar a jornada de trabalho, que não será operativo mas especulativo, para encontrar-se consigo mesmo e com a sua parte, nos Irmãos que com ele passam a comungar.

As Borlas não se apresentam exclusivamente na Corda, mas também no Dossel, adornando-o. A "franja" é o conjunto de Borlas formado por apenas alguns fios. Há Lojas que adornam todos os Tronos, bem como o Altar, com franjas e Borlas.

Um registro fiel e autorizado a respeito da Borla é encontrado nas Sagradas Escrituras:

"Disse o Senhor a Moisés: fala aos filhos de Israel, e dize-lhes que nos cantos de suas vestes façam borlas pelas suas gerações; e as borlas em cada canto presas por um cordão de azul" (Livro dos Números 15:37).

"E as borlas vos serão para que, vendo-as, vos lembreis de todos os Mandamentos do Senhor, e os cumprais; e não seguireis os desejos do vosso coração, após os quais andais adulterando. Para que vos lembreis de todos os meus Mandamentos e os cumprais, e santos sereis a vosso Deus. Eu sou o Senhor vosso Deus, que vos tirei da terra do Egito para vos ser por Deus; Eu sou o Senhor, vosso Deus" (Números 15: 39-41).

E quanto à Corda:

"Se alguém prevalecer contra um, os dois lhe resistirão; o cordão de três dobras não se rebenta com facilidade" (Eclesiastes 4:12).

Podemos afirmar, talvez preenchendo um vácuo nas interpretações dos símbolos, que a Borla para os maçons significa justamente a obediência aos preceitos maçônicos, simbolizados, por sua vez, na Lei Mosaica, ou seja, nos Dez Mandamentos que todos respeitam, reverenciam e buscam obedecer para o equilíbrio da conduta social.

Insistimos, sempre, que o maçom é "pinçado" na sociedade, não pela mão de seu padrinho ou apresentador, mas pelo Grande Arquiteto do Universo.

Se é Ele que escolheu, dentro da filosofia maçônica e de sua religiosidade, será um "predestinado", retirado dos profanos, separado, selecionado para que resulte santificado, quando temente a Deus.

A Borla simboliza que o maçom não está só; que está sob a proteção divina; mas... que o seu afastamento voluntário resultará em total isolamento.

Capítulo 9

A Cadeia de União

A Cadeia de União é um dos mais belos atos cerimoniosos ritualísticos e é formada dentro do Templo, embora, nos banquetes maçônicos, seja também formada, porém com outras características e objetivos.

Ao encerrarem-se os trabalhos, antes da saída do Templo, o Venerável Mestre conclama os presentes a formarem a Cadeia de União.

Seria correto que essa formação precedesse o encerramento da Sessão e que o Livro Sagrado fosse mantido aberto.

Os Irmãos postam-se no centro de Loja, ao redor do Altar; no Oriente, posta-se o Venerável Mestre, tendo à sua esquerda o ex-Venerável e à direita o ocupante da poltrona direita do Trono; se não houver, o Orador; por ordem hierárquica, sucedem-se todos os Oficiais, Mestres, Companheiros e Aprendizes.

Ao Norte, posta-se o Mestre de Cerimônias, que fica em frente ao Venerável Mestre; aos seus lados, colocam-se os Vigilantes.

É permitido chamar o Cobridor Externo.

Todos os presentes, por serem maçons regulares, participam da Corrente.

O ambiente é alterado; as luzes são amenizadas; é utilizado um fundo musical apropriado, com música suave que conduza à meditação. O Mestre de Harmonia proverá para que o aparelho eletrônico execute a música durante a permanência da Corrente.

No Altar dos Perfumes é acendido um incenso adequado.

Todos mantêm profundo e respeitoso silêncio.

O Venerável procede a um ligeiro exercício respiratório, conduzindo os Irmãos para que inspirem e expirem o ar (prana) com a finalidade de toda respiração ficar uniforme.

Uma das finalidades da formação da Cadeia de União é a transmissão da Palavra Semestral emitida pelo Grão-Mestre.

O Grão-Mestre recolhe-se em seu gabinete e, após momentos de meditação, deseja enviar uma mensagem aos seus "súditos" da Jurisdição e busca encontrar uma palavra adequada.

Essa palavra (ou frase) é comunicada sigilosamente, por escrito, a todos os Veneráveis da Jurisdição.

O Venerável Mestre transmite a Palavra Semestral aos elos da direita e da esquerda, sussurrando-a, porém de forma audível e clara.

Os Irmãos, por sua vez, ao receberem a Palavra, a transmitem ao Irmão que está ao lado até ambas as Palavras chegarem ao Mestre de Cerimônias, que inclina a cabeça em forma afirmativa expressando que a Palavra chegou corretamente; caso contrário, fará sinal negativo e a Palavra circulará novamente.

É condenável o Mestre de Cerimônias "romper" a corrente e deslocar-se até o Venerável para confirmar ou não se a Palavra chegou correta.

A Corrente não pode ser interrompida porque, senão, as vibrações de cada Irmão ficarão interrompidas, como se fosse uma corrente elétrica.

A postura é importante; os Irmãos que formam um círculo cruzam os braços, pressionando o plexo solar, dando-se as mãos; os pés devem estar unidos, calcanhar com calcanhar, ponta dos pés tocando a dos Irmãos que estão aos lados.

A Corrente deve unir a parte física sobre a Terra (piso da Loja), a parte sentimental, pressionando o coração, e a parte mental, unida pela Palavra Semestral.

Essa união mental do Grão-Mestre com os seus Jurisdicionados mantêm a grei unida; é o amor fraternal do Grão-Mestre que se exprime por meio da Cadeia de União.

Os Elos que se entregaram à meditação podem até vislumbrar (terceira visão) o seu Grão-Mestre e receber dele a Força apropriada para vencer as fraquezas que o mundo profano imprime.

Além dessa força mental, os Elos que estão ao redor do Livro Sagrado recebem a Luz e, assim, renovam as suas forças combalidas.

Os Elos mais débeis que são os Aprendizes, por sua vez, robustecem-se, pois recebem, por meio do aperto das mãos, a "força" emanada pelos Irmãos hierarquicamente colocados acima, "forças" que constituem energia pura alimentando as necessidades físicas e espirituais.

A Corrente transforma-se em um verdadeiro acumulador de energias que supre todas as necessidades que o maçom tem com os desgastes da semana.

Considerando os fusos horários e o número de Lojas Maçônicas espalhadas pelo Mundo, podemos assegurar que minuto a minuto há uma Cadeia de União em atividade e, assim, todos os maçons da Terra ficam unidos, numa permuta fantástica de benesses.

O pensamento dentro da meditação busca essas "forças" universais e delas tira proveito; recebe, mas também, por sua vez, envia o que possui de melhor em benefício da Humanidade.

A força mental é poderosa a ponto de atingir também o Oriente Eterno, onde os Irmãos mortos, em verdade, hão de se unir em Cadeia para nos beneficiar.

A Corrente não é formada exclusivamente para transmitir a Palavra Semestral nem permutar as benesses individuais.

Cada maçom tem um caso a contar dos benefícios da Corrente para aqueles que solicitam uma Cadeia de União, por encontrarem-se enfermos ou necessitados de auxílio, pois foram alcançados pelo infortúnio.

O momento é propício à oração; o Venerável Mestre fará uma prece e nela incluirá esses pedidos, e todos os elos, com a melhor das vontades, enviarão aos maçons necessitados as suas forças mentais.

Os resultados têm sido positivos e sabemos, por experiência própria, do valor dessas forças misteriosas, mas reais.

Além de atender aos pedidos dos maçons, a formação da Cadeia de União é realizada para robustecer a própria Loja, incentivando-a, solucionando problemas, ultimando construções de Templos, enfim, uma porta que se abre para sanar as dificuldades.

A Corrente forma um Círculo; portanto, haverá em toda Cadeia de União um "espaço" na sua superfície; o ar expirado por todos e a circulação de inspiração formará o prana, que constitui uma matéria palpável que circulará em nossos pulmões.

É uma permuta saudável, positiva e real; todos ingerem o ar expirado, que comporta fluidos místicos.

Ao redor do Altar, a Luz divina ilumina intimamente a todos e lhes propicia luminosidade e calor.

Ao longe, o odor do incenso é mais uma contribuição para atingir a parte psíquica dos elos.

Enfim, concluídos os trabalhos da Corrente, o Venerável afrouxa o aperto das mãos e dá por concluídos os trabalhos, retornando cada um ao seu lugar em Loja.

No momento em que participarmos da formação de uma Cadeia de União, lembremos de suas características e usufruamos as suas benesses.

Capítulo 10

O Compasso e o Esquadro

O Altar, situado no centro da Loja (alguns autores o colocam no Oriente), tem o formato ora quadrangular, ora triangular, não havendo um consenso a esse respeito. No entanto, a maioria das Lojas o tem na forma de um triângulo.

O seu formato é o de uma mesa cujas laterais atingem o piso; nas extremidades dos cantos do tampo, em algumas Lojas estão inseridos cornos de carneiro, que simbolizam luz e inteligência.

Em Roma, na igreja *ad vinculi*, onde está o *Moisés*, de Miguel Ângelo, vemos em sua cabeça dois cornos.

Embora os esclarecimentos a respeito desses cornos ou chifres não sejam difundidos e as notícias sejam escassas, podemos referir que os Altares maçônicos nos vêm da História Sagrada como veremos:

"Fez também o Altar do Holocausto de madeira de acácia; de cinco côvados era o comprimento e de cinco a largura, era quadrado o Altar e de três côvados a altura.

Dos quatro cantos fez levantar-se quatro chifres, os quais formavam uma só peça com o Altar, e o cobriu de bronze" (Êxodo 27:2).

A História Sagrada faz nada menos que 54 referências a respeito de chifres e cornos. Vejamos a atitude de Adonias:

"Porém Adonias, temendo a Salomão, levantou-se, foi e pegou das pontas do Altar" (I Reis 1:50).

Salomão perdoou Adonias. Deve-se notar que esses cornos do Altar serviam como salvo-conduto e proteção contra qualquer mal. Adonias, segurando um dos cornos, pôs-se a salvo e obteve a misericórdia de Salomão.

Os cornos bíblicos demonstram a importância do chifre como instrumento para emitir sons, sendo este um dos mais antigos que se conhece.

No Livro do Apocalipse há uma outra referência sobre os cornos do Altar:

"O sexto Anjo tocou a trombeta, e ouvi uma voz procedente dos quatro cornos do Altar de ouro que se encontra na presença de Deus" (Apocalipse 9:13).

O profeta Daniel interpreta os chifres como sendo reis, o que causa ainda maior confusão.

No entanto, a maioria das Lojas possui Altares sem os cornos ou chifres, e não há uma explicação razoável sobre isso.

No tampo do Altar, certamente, face à presença dos chifres, forma-se um "campo" de eletricidade mística. É sobre o tampo que são colocados o Livro Sagrado, o Compasso e o Esquadro.

O Compasso e o Esquadro repousam ao lado do Livro fechado, mas logo que é aberto e depois de feita a leitura, essas Joias são colocadas no centro do Livro, entrelaçadas.

O Compasso simboliza a tomada de medidas decisivas; a Joia tem a forma de um instrumento apropriado para movimentar suas duas hastes, partindo de um ponto de convergência até uma abertura que possibilite o máximo de desenho; abrindo-se as hastes no seu limite máximo, torna-se impossível executar o traçado circular.

A abertura máxima significa o percurso de 360 graus; porém, usado como símbolo estático, a abertura para receber sobre si o Esquadro será de 90 graus.

Notamos que o Compasso sobre o Livro Sagrado não é destinado a traçar nenhum círculo, tampouco a medir qualquer distância entre dois pontos.

Ele é imobilizado pelo Esquadro, que simboliza a retidão.

A Palavra Sagrada, por si, significa a expressão perfeita e retamente medida.

Com o Livro Sagrado aberto não se faz necessário qualquer controle sobre o escrito; no entanto, a interpretação é que deve submeter-se ao critério de uma compreensão exata, definitiva e perfeitamente equilibrada.

O próprio Livro Sagrado ordena que a "ninguém é dado interpretar a Palavra de Deus" (II Pedro:1-20).

O Esquadro sobre o Compasso apresenta-se como a concentração de todos os símbolos.

Os valores da Loja expressam-se por si sós.

Sobre o tampo há um pano branco e, ao redor, franjas douradas. Dos cantos podem pender borlas, também douradas.

Geralmente o Altar é pintado em branco; pode, porém, ser envernizado, pondo à mostra a espécie de madeira, que poderia ser de acácia.

O Altar suscita polêmicas quanto à sua posição, pois ora é colocado no Oriente, ora no Ocidente. Em todo caso ele é que marca a existência do Ponto Central da Loja. Como isso constitui símbolo, o local torna-se uma questão secundária; cria-se um Ponto Central Imaginário.

O Compasso é um instrumento de trabalho muito antigo. As Sagradas Escrituras não fazem referência a ele.

No início, quando ainda não estava inventado o Compasso, o círculo era traçado usando-se um cordel, fixada uma extremidade sobre a superfície com o polegar e o indicador e na outra, envolto em um carvão ou em um giz; o movimento circular da mão direita traçava o círculo.

Assim, o cordel unia, por extensão, a mão esquerda à direita, produzindo a sequência de pontos.

O ponto inicial salta para a distância calculada e, de ponto em ponto, a linha curva é traçada formando a reprodução da esfera terrestre.

O olhar humano contém o Compasso, uma vez que, fixando determinado ponto no horizonte e girando o corpo, forma-se na mente o círculo.

Durante o cerimonial da Iniciação, em determinado momento, quando é prestado Juramento, é colocada no peito do Iniciando uma ponta de uma das hastes do Compasso, simbolizando a "aplicação" do ponto de partida de uma nova filosofia de vida e que ao Aprendiz é dada a iniciativa de traçar em si o Círculo, lentamente, quanto for o de aprendizado até completar os 360 graus, para que seu comportamento e seu viver sejam aureolados pela Justiça.

O Círculo faz parte integrante do Compasso, porém o seu valor espiritual reside no ponto de partida.

Para se produzir o Círculo não se faz necessário o Compasso como instrumento.

Na natureza, tudo é propagado por meio de círculos. Como exemplo visível temos a pedra jogada a uma superfície calma de um lago; mal a pedra atinge a água, forma-se o primeiro círculo, que provoca sucessivamente outros, cada vez maiores, até colidirem com as margens.

O som propaga-se da mesma forma, com a diferença de que os seus círculos podem "escapar" dos obstáculos e tornar-se eternos.

O Compasso traça círculos diferentes inspirados no seu simbolismo, como instrumentos de Geometria, como, por exemplo, a formação da Cadeia de União.

As ondas energéticas, por sua vez, mesmo as emitidas pela Luz, propagam-se em círculos.

Assim, a função do Compasso, em Maçonaria, não se restringe ao que lhe é específico, mas ele possui uma gama imensa de aplicações e resultados.

Descrevemos as funções do Compasso como Símbolo isolado; contudo, colocado em união com o Esquadro, as suas funções multiplicam-se.

Joaquim N. Aramburu (*La Masoneria y Sus Simbolos*) escreve:

"Nuestras vidas son una série de círculos concéntricos em torno del ideal de perfección. Y esos círculos han sido trazados por la punta del Compás misterioso, que ha señalado su sitio a cada astro en el espacio inconmensurable, y ha escrito la órbita, de cada planeta através de lo infinito".

A revista maçônica italiana *Hiran* traz seguidamente a efígie de Deus como um sábio usando um Compasso para criar os círculos das evoluções dos corpos celestes, valorizando, assim, o Compasso, a trajetória dos astros, dos meteoros, as curvas dos planetas, tudo meticulosa e perfeitamente exato.

Jaime Pusch (*ABC do Aprendiz*) assim define o Compasso:

"Instrumento de desenho que traça círculos a partir de um ponto central. Seu manuseio simbólico significa a compreensão do microcosmos pontual originário e do macrocosmos circunferencial universal.

A sua forma enseja dialeticamente a união na charneira, na dualidade de suas pernas, isto é, tese-antítese-síntese. Sendo também utilizado para o transporte de medidas, é o 'justo', a justeza do trabalho maçônico".

O Compasso é a insígnia do Mestre; contudo, unido ao Esquadro simboliza para o Aprendiz a direção das atividades sociais, morais e operativas, dando-lhe clareza, fecundidade e justeza.

Com muita propriedade escreve Assis Carvalho (*Símbolos Maçônicos e Suas Origens*):

"O Compasso tem um significado altamente especial, que vem sendo reconhecido por mais de duas centenas de anos, o qual os maçons têm acatado como sendo de grande e real importância.

Os Candidatos, no transcorrer de suas Iniciações, desde os tempos primitivos da Maçonaria Operativa, já encontravam em seus peitos as pontas de um Compasso.

O Compasso para eles não é uma simples ferramenta do Grau, mas um grande Símbolo da Maçonaria, de que eles mesmos, ao retornarem aos seus lares, levam a seriedade das obrigações, nas quais estão, desde então, plenamente revestidos.

A morfologia do Compasso nos apresenta a união do 'dualismo' ou binário.

A 'cabeça' ou 'testa', os 'braços', ou ramos formam uma trilogia parecendo que a 'cabeça', manuseada pelas mãos, geralmente, apenas por uma mão, a direita, orienta a formação do círculo.

Contudo, há necessidade de regular a abertura dos 'braços', que deve preceder o funcionamento.

A abertura obedece a determinado grau; esse faz parte da graduação da circunferência, que é a área do desenho.

A abertura total do Compasso equivale à medida de 360 graus, porém, trata-se de uma medida apenas figurativa, pois na prática não é usada.

Na Maçonaria, consoante o Grau de trabalho, o Compasso gradua-se em 45, 90 ou 180 graus.

A mente comanda a mão que impulsiona o Compasso; assim, toda figura geométrica (*geo* = terra; *metron* = medida) antes de ser traçada é concretizada na mente, o que equivale à projeção.

A palavra 'Compasso' é formada pelo prefixo 'com' com o substantivo 'passo'.

O substantivo 'passo' traduz-se por 'medida', tanto que o 'passo' era usado para medir distâncias, significando 'movimento do homem ou animal que avança ou recua'. Usa-se como incentivo a frase: 'um passo à frente'.

Tratando-se de uma medida (já fora de uso), o passo tinha 0,82 centímetro".

O Aprendiz "é medido" constantemente, para a constatação a respeito do esquadrejamento, já que é Pedra Bruta e faz em si o trabalho de desbastamento.

Os braços do Compasso terminam em ponta. Ao ser manejado, o Compasso de duas pontas grava na superfície, ferindo-a, o Círculo.

Diz-se "ferindo a superfície" porque a ponta a "raspa", provocando um sulco.

Como o emprego do Compasso será sobre a Pedra, é evidente que para marcar o Círculo há necessidade de ferir a Pedra. Logo, pode ser considerado como um instrumento perfurocortante.

Colocado na pele, na direção do coração, a haste que se fixa fere e, assim, fornece o sangue para que a outra haste desenhe o Círculo.

Sendo o sangue a melhor interpretação de vida, o iniciando estará selando o seu Juramento empenhando sua própria vida em defesa dos seus Irmãos.

Como é sabido, temos Compassos apropriados para fixar em uma de suas hastes, ou o lápis, ou o giz, ou o carvão, ou qualquer elemento apropriado para fixar o círculo e torná-lo visível.

Tecnologicamente temos 11 espécies de Compassos, a saber: de pontas secas; porta-lápis; de quarto de círculo, de redução; de espessura; de tira-linhas, de três pontas; de corrediça; de calibres; de proporção e de marinha.

O Compasso maçônico é de pontas secas.

O nome Compasso é usado na música, significando tempo igual, e é visto nas partituras e nos movimentos de um maestro na direção de sua orquestra.

Algo "compassado" quer dizer uma ação com pausas, ou descansos, equilibrada.

Assim, o maçom usa o Compasso não só para a medição de superfícies, mas para o seu equilíbrio ou controle.

O orador, por exemplo, usa o Compasso nos seus pronunciamentos, uma vez que sua fala deve ser correta, equilibrada e as palavras devem ser medidas para que não firam a quem quer que seja.

Com o compasso e o esquadro, desenham-se todos os polígonos e medem-se todas as figuras geométricas. Mede-se tanto o macrocosmos como o microcosmos e, em especial, os elementos espirituais para a construção do sublime Templo Interno.

O compasso é um instrumento usado para transferências.

O Aprendiz recebe, por meio do Compasso, a transferência das exatas medidas que seu Mestre lhe propicia para que a jornada em direção ao aperfeiçoamento resulte mais amena.

Consoante já escrevemos em nosso livro, *O Aprendizado Maçônico*, o Compasso é a causa e a origem de todas os coisas e seu uso na Loja é dinâmico, tanto quanto se o coloca sob o Esquadro sobre o Livro Sagrado, como se o maneja na Iniciação. Ele simboliza a virtude porque é a verdadeira medida dos nossos desejos.

O homem dentro do Círculo é o Ponto, mas esse Ponto, onde descansará uma das hastes do Compasso para traçar a sua figura, não é algo que tenha origem espontânea.

O Nazareno definiu o Ponto de forma sublime ao dizer: "Eu e o Pai somos Um".

No Ponto, estamos em Deus e Deus está em nós; não somos deuses em igual potência, mas limitados pelo Círculo.

Não podemos nos afastar em direção ao Infinito pelas linhas horizontal e vertical que partem do Ponto. O homem somente poderá romper as linhas do Círculo em harmonia com o Grande Arquiteto do Universo.

É por isso que o Compasso limita nossas paixões e equilibra nossos anseios.

O Ponto confirma o nosso Eu. O Círculo é o campo experimental do Eu; a Circunferência recebe o ego.

O Eu é real; o Ego, fictício.

O Compasso é a porta que nos introduz à Filosofia Maçônica.

O Livro Sagrado, o Esquadro e o Compasso constituem as grandes Joias e as grandes Luzes da Maçonaria, devendo ser considerados em conjunto para que exerçam com plenitude o total domínio da Loja.

O Esquadro e o Compasso estão presentes nas Almofadas do Venerável Mestre, dos Vigilantes e onde o senso artístico de quem ornamenta a Loja desejar, sejam entrelaçados, isolados, juntos ou separadamente.

Nas "posturas", esses utensílios se fazem presentes. Quer com o "sinal gutural", quer com o bater de palmas "bateria", teremos sempre um Esquadro e um Compasso (a pausa musical) em atividade.

Esses utensílios representam a recordação nostálgica da construção do Grande Templo de Salomão. Eles foram imprescindíveis para aquela construção.

Para a outra construção os utensílios são os mesmos; um Esquadro e um Compasso traçam as linhas principais e as secundárias, dentro de nós mesmos, para a obra gloriosa, meta final do homem místico.

Lemos no Evangelho de São João, 2:18-21:

"Perguntaram-lhe, pois, os judeus: que sinal nos mostras para fazerem estas coisas?

Jesus lhes respondeu: Destruí este Santuário e em três dias o reedificarei.

Replicaram os judeus: em 46 anos foi edificado este Santuário; e tu, em três dias o levantará?

Ele, porém, referia-se ao Santuário do seu corpo."

Não pretendemos nos igualar à potencialidade de Cristo, porém, citamos essa passagem evangélica para comprovar que há mais de 2 mil anos já era referida a possibilidade de uma "reconstrução", não de uma vida, mas de um Santuário.

O "Santuário de dentro" situado no Templo de dentro, localizado no Universo de dentro.

O Senhor Jesus, mesmo na condição de um ser humano, soube construir o seu Santuário de forma permanente; desafiou que o destruíssem, pois lhes assegurou que em três dias o reconstruiria.

A reconstrução não é realizada como um passe de mágica, mas sim pelos meios disponíveis, com os materiais apropriados e as ferramentas adequadas.

Para o maçom, mesmo cristão, ou judeu que seja, o custeio da construção de seu próprio Templo é alto, porém, compensador, porque será indestrutível; se alguém se propuser destruí-lo, o maçom dispensará apenas três dias para a reconstrução, nas três etapas simbólicas, que significam os três Graus iniciais de sua jornada por meio do Rito que desenvolve.

E isso porque já possui dentro de si o material apropriado e a sua instrumentação e, principalmente, o Mestre que orientará seu trabalho.

Capítulo 11

O Livro da Lei Sagrada

O Livro Sagrado colocado no Altar inicialmente era o Livro da Lei Mosaica, originada entre os antigos hebreus.

Sempre a Lei foi colocada sobre os Altares; os hebreus colocavam os rolos de pergaminho; os egípcios, as folhas de papiro; os caldeus, as pranchetas de barro. O Livro Sagrado foi colocado a partir de 1467, quando os manuscritos reunidos o originaram.

A imprensa foi inventada pelos chineses no século VI, por meio de caracteres gravados sobre tábuas de madeira (xilografia) que, recebendo uma fina camada de tinta, por meio de pressão de rolos, eram reproduzidos em papel.

Em 1494, foi impresso o Talmude em caracteres hebraicos.

Portanto, a colocação do Livro Sagrado nos altares maçônicos, ou a abertura do Livro nas Sessões maçônicas, sobre qualquer móvel, somente poderia ter sido feita a partir de 1436, porém, dentro de uma Loja e sobre um altar, o Livro seria colocado no ano de 1776, por ocasião da construção do primeiro Templo Maçônico.

Dada a religiosidade do povo inglês, é certo que precedendo as Sessões, o Livro Sagrado era aberto extraindo-se dele um trecho para leitura, comentários e orações.

Contudo, não é possível precisar a data do início do uso do Livro Sagrado.

É evidente que muitos são os Livros Sagrados, dependendo da orientação religiosa dos maçons e da situação geográfica.

Não se pode pretender que no Oriente seja usada a Bíblia, quando a maioria usa os *Vedas*; da mesma forma, entre os muçulmanos, que usam o Alcorão.

Em uma Loja frequentada por maioria de japoneses, em São Paulo, são colocados no Altar, além da Bíblia, outro Livro Sagrado japonês. Logo, não havendo proibição, sobre o Altar pode ser colocado mais de um Livro Sagrado. Entretanto, acreditamos que a colocação no Altar de outros elementos não é correta.

No Brasil, o Cristianismo, atualmente, é a maior expressão religiosa, motivando a colocação da Bíblia no Altar.

A Bíblia comporta o Velho Testamento, que é a história sagrada do povo hebreu, e o Novo Testamento, que é a base do Cristianismo.

O que deve ser colocado sobre o Altar? O Velho ou o Novo Testamento?

Creio seja mais apropriado a Bíblia conjunta, pois a narrativa histórica do Velho Testamento contém orientação para a Arte Real, em especial o reinado do Rei Salomão.

As Sagradas Escrituras ou a Bíblia são o livro mais divulgado no mundo, vertido dos originais hebraicos, gregos e latinos, em praticamente todas as línguas faladas na Terra, e, segundo Charles Berlitz, em 1.710 idiomas.

As versões são praticamente iguais, porém a de João Ferreira de Almeida é a mais divulgada nos países de língua latina e a do Rei James, nos países de origem inglesa.

Temos, ainda, a versão de Cipriano de Valera e a de Ostervald; outras versões mais modernas, bem como reedições contendo comentários, atingem o mercado mundial.

Assim, dada a grande quantidade de comentaristas, e como o Livro Sagrado atua como símbolo, sendo feita a sua leitura somente de determinado trecho, de conformidade com Grau desenvolvido, pouca diferença fará ser a Bíblia desta ou daquela versão e, também, quanto à língua não há nenhuma diferença.

Existem, porém, Bíblias selecionadas pelo seu valor histórico, como, por exemplo, a existente na Loja União Constante, da Grande Loja do Rio Grande do Sul, na cidade de Rio Grande, uma vez que pertenceu a Victor Hugo.

Inexistindo, ainda, uma disposição estatutária sobre qual versão a Maçonaria deva se utilizar, a escolha ficará a cargo do Venerável Mestre de cada Loja.

Existindo controvérsias, a Loja de Aprendizes abrirá o Livro Sagrado no Salmo 133:

"Oh! Quão bom e quão suave é que os Irmãos vivam em união! É como o óleo precioso sobre a cabeça que desce sobre a barba, a barba de Aarão, e que desce à orla dos seus vestidos. Como o orvalho do Hermon, que desce sobre os montes de Sião; porque ali o Senhor ordena a bênção e a vida para sempre".

Como se constata, esse Salmo é um hino à fraternidade, e a sua leitura predispõe para a preparação psicológica e afetiva dos Irmãos no trabalho a ser encetado.

Afora a Bíblia, para os povos do Oriente, a Maçonaria aceita nos seus altares:

BHAGAVAD-GITA: Esse livro sagrado faz parte da volumosa epopeia indiana do *Mahabharata*, que abrange milhares de versos; ele possui, porém, 770 versos, distribuídos em 18 capítulos e constitui o Grande Livro Espiritual hindu. Ele narra de forma simbólica a história evolutiva do indivíduo humano. Os versos dizem respeito a um longo diálogo encetado entre Arjuna e Krishna. Arjuna representa o homem profano; Krishna é o próprio Deus em forma humana. O jovem príncipe Arjuna vê o seu trono usurpado e resolve reconquistá-lo à força, pelas armas, porém, quando enfrenta o inimigo no campo de Kurukshetra, constata surpreso que o adversário são os próprios parentes. Depõe, então, as armas e pergunta: "Que vale possuir um trono e não ter parentes"? Aparece então Krishna e dá ordens ao príncipe desanimado para lutar e reconquistar o que lhe pertencia, derrotando os usurpadores. Arjuna luta e reconquista o trono e o domínio de suas propriedades. Arjuna representa a alma humana; os usurpadores são as faculdades inferiores do homem; o corpo, a mente, as emoções, o seu ego que antes do despertar da alma se apoderam dos domínios dela, arvorando-se em legítimos senhores e donos da vida humana.

Surge, então, o Espírito Divino que habita no homem e faz ver a alma que ela é a legítima proprietária e soberana desse reino e deve submeter o seu domínio às potências usurpadoras: corpo, mente, emoções, ego.

Trata-se de um longo poema de difícil interpretação, mas profundamente psicológico e humano.

VEDAS: A origem desse livro sagrado, também hindu, é desconhecida; a obra é um conjunto de muitos outros textos e é mais antiga que o *Bhagavad-Gita*.

O livro trata da separação e da dissolução; abarca vários conceitos vindos das diversas raças que formam a Índia, com seus poderosos príncipes e suas miseráveis castas.

Essas castas repousam sobre os princípios religiosos, e os *Vedas* é que lhe dão sequência. A casta em uma família evolui até a extinção, para então viver uma vida privilegiada.

Na atualidade, evidentemente, essas separações foram amenizadas e a segregação diminuiu; no entanto, em certas regiões os antigos conceitos e práticas persistem.

O princípio básico apresentado nos *Vedas* é a oportunidade de evolução; não será permitido que nenhum homem, vivendo no campo da diversidade, que é o campo de morte e o campo de mudança, lá permaneça. Cada ser humano merece a oportunidade da evolução que, em última análise, é a da liberdade e da felicidade.

O corpo humano, incluindo a mente, deve ser cultivado para que o estado imperecível do Ser Eterno permeie todos os fenômenos mutáveis no campo relativo. Deve-se cultivar o indivíduo, o seu físico, por intermédio dos exercícios de ioga, da reta ação, correta alimentação, perfeita respiração, sentimentos virtuosos, bons pensamentos, comunicação com seres mais elevados para a purificação da mente.

Os aspectos físico e mental da vida serão purificados e o Ser Eterno Espiritual será trazido para complementar as esferas físicas e mentais da vida.

Assim, o homem em atividade vive aquele Ser Absoluto Eterno e Imperecível.

Essa é a visão geral sobre os *Vedas*. Porém, nessa visão geral, vimos os *Vedas* no campo total, no propósito de toda criação, o indivíduo com os diferentes planos de vida e com o eterno Ser Onipotente.

ALCORÃO: É o Livro Sagrado dos muçulmanos, que Maomé atribuía ao próprio Deus.

O livro se divide em 144 capítulos, os *Suratas*, subdividindo-se em versículos.

No início, o Alcorão era conhecido apenas pela tradição e só transmitido oralmente.

Somente após a morte de Maomé é que foi escrito e impresso e, portanto, divulgado.

O livro é um conjunto de normas morais e preceitos dogmáticos e fonte única do direito, da administração, do comportamento, contendo normas sociais e religiosas.

Admite a predestinação, mas atribui ao homem a responsabilidade dos seus atos.

O Maometismo ou Islamismo teve como berço a Arábia e surgiu por volta do ano 571, em Meca, com Maomé.

Casado com a viúva Khadija, muito rica, quando completou 40 anos de idade, apareceu-lhe o Arcanjo Gabriel anunciando-lhe a missão de profeta. Face a esse desígnio, Maomé recolheu-se ao ostracismo durante 15 anos, meditando sobre como poderia realizar uma reforma social e religiosa na nação árabe.

Converteu sua família e amigos, mas ao mesmo tempo granjeou grande número de inimigos, o que o obrigou a fugir para Medina.

A fuga ou hégira é o marco inicial do Islamismo, e isso foi no ano 622.

A sua ação foi iniciada com violência, pelas armas, conquistando Meca, onde estabeleceria a obrigatoriedade das peregrinações a essa cidade que proclamou santa.

O mesmo Arcanjo Gabriel lhe entregou em Meca a "Pedra Negra", um meteorito que ficou na mesquita, conhecida por Caaba.

O Islamismo cresceu, entre conquistas guerreiras e convencimento pela pregação, subsistindo com grande influência até hoje, expandindo-se por toda a parte, inclusive no Brasil.

LIVRO DOS MÓRMONS: O fundador da seita chamava-se Joseph Smith, e o movimento mórmon teve início em 21 de setembro de 1823. Portanto, trata-se de um movimento religioso relativamente recente.

Pela importância dessa doutrina, disseminada por todo o mundo, especialmente na América do Norte, e já difundida há alguns anos no Brasil, achamos oportuno transcrever a "visão" que Smith teve de Deus, pois no relato está resumido o princípio da nova manifestação religiosa:

"Enquanto dirigia minha oração ao Senhor, descobri que uma luz aparecia em meu aposento, que continuou a aumentar a ponto de o quarto ficar mais iluminado do que a luz do meio-dia, quando, repentinamente, apareceu ao lado de minha cama um personagem suspenso no ar, pois seus pés não tocavam o solo.

Ele estava vestido com uma túnica solta, da mais rara alvura; era de uma brancura que excedia a qualquer coisa que jamais eu havia visto na terra e não creio que qualquer coisa humana pudesse parecer tão branca e tão brilhante.

Suas mãos, assim como seus braços, estavam nus até acima dos pulsos, assim também seus pés e pernas estavam descobertos até acima dos tornozelos.

Sua cabeça e pescoço também estavam descobertos. Pude verificar que ele trajava tão somente a túnica aberta, notando-se seu peito.

Não era apenas a túnica que resplandecia, mas também a sua pessoa irradiava uma glorificação indescritível e seu semblante era verdadeiramente como um relâmpago.

O quarto ficara excessivamente iluminado e a luz brilhava muito mais ao redor de sua pessoa.

Tive medo quando o olhei pela primeira vez, mas o meu temor passou logo.

Chamou-me pelo meu nome, dizendo que era um mensageiro enviado por Deus e que seu nome era "Moroni"; que Deus tinha uma missão para eu executar e que o meu nome seria conhecido por bem ou por mal entre todas as nações, famílias e línguas, e que se falaria bem e mal de mim entre os povos.

Informou-me que existia um livro escrito sobre placas de ouro, descrevendo os antigos habitantes deste continente, assim como sua origem. Disse-me também da plenitude do Evangelho Eterno contido nesse livro, tal como fora entregue pelo Salvador a esse povo.

Outrossim, que também existiam duas pedras com aros de prata depositadas juntamente com as placas; e que a posse e o uso dessas pedras eram o que constituía os videntes dos tempos antigos; e que Deus os havia preparado com o fim de traduzir o livro.

Disse-me, ainda, que quando obtivesse as placas sobre as quais tinha falado, porquanto ainda não havia chegado o tempo para as obter, não deveria mostrá-las a ninguém; tampouco, deveria mostrar o peitoral com o Urim e o Tumim, salvo às pessoas a quem fosse ordenado mostrá-las, pois, caso contrário, eu seria destruído.

Enquanto ele conversava comigo a respeito das placas, minha visão se abriu de tal modo que pude ver o lugar onde as mesmas se achavam depositadas, tão clara e distintamente que reconheci o local, novamente, quando o visitei.

Depois dessa comunicação, vi que a luz do quarto concentrava-se ao redor do ser que havia conversando comigo, e assim continuou até que o quarto voltou à escuridão, exceto ao redor dele, quando vi, repentinamente, uma espécie de canal aberto até o céu, pelo qual ele subiu até desaparecer, novamente, e então o quarto voltou ao estado em que estava, antes de essa luz divina ter desaparecido.

Fiquei meditando sobre a singularidade dessa cena e maravilhado sobre o que me havia dito esse extraordinário mensageiro; quando, em meio à minha meditação, descobri, subitamente, que meu quarto estava novamente começando a ser iluminado, e, num instante, o mesmo mensageiro divino estava ao lado de minha cama.

Descreveu-me, novamente, e sem alteração, as mesmas coisas que já havia falado na primeira visita; e, isso feito, informou-me ainda dos grandes males que viriam sobre a Terra; quão grandes desolações recairiam sobre a presente geração.

Tendo-me comunicado todas estas coisas, novamente ascendeu ao céus, como da primeira vez.

Tão profundas haviam sido as impressões gravadas na minha memória, que perdi o sono completamente, ficando atônito com o que havia visto e ouvido.

Mas qual não foi a minha surpresa quando vi, novamente, o mesmo mensageiro ao meu lado e ouvi dele a repetição das coisas que me havia dito, avisando-me também que tivesse cautela com Satanás, o qual procuraria tentar-me (devido às precárias condições da família de meu pai) a vender as placas a fim de me enriquecer.

Proibiu-me ele isso, dizendo que eu não deveria ter outro objetivo em vista, quando obtivesse as placas, senão o de glorificar a Deus, e não deveria ser influenciado por nenhum motivo senão o estabelecimento de Seu Reino, pois, do contrário, não o obteria.

Depois dessa terceira visita, ele ascendeu ao céu como das vezes anteriores, e fiquei refletindo sobre esses estranhos acontecimentos.

Quase que imediatamente depois que o divino mensageiro desapareceu pela terceira vez, o galo cantou, e verifiquei que o dia estava chegando, de maneira que nossas entrevistas deviam ter tomado toda a noite.

Pouco depois me levantei e, como de costume, comecei os labores do dia; mas, ao tentar trabalhar como de outras vezes, senti-me tão exausto que me foi impossível iniciar o trabalho.

Meu pai, que trabalhava ao meu lado, notando algo estranho em mim, mandou-me para casa. Fui em direção de casa, mas, ao tentar passar uma cerca no campo onde trabalhávamos, minhas forças falharam e caí por terra, ficando inconsciente por algum tempo.

A primeira coisa de que me recordo foi uma voz chamando-me pelo nome. Olhei e vi o mesmo mensageiro suspenso no ar sobre a minha cabeça, rodeada de luz como dantes. Relatou-me novamente tudo o que me havia dito na noite anterior e mandou-me que fosse a meu pai e lhe falasse da visão e do mandato que havia recebido.

Obedeci, voltando para junto do meu pai no campo e ralatei-lhe todo o ocorrido. Disse-me ele que era obra de Deus e mandou-me fazer o que me havia dito o mensageiro.

Deixei o campo e fui ao local onde o mensageiro me havia informado que as placas estariam; e, devido à nitidez da visão sobre o lugar, o reconheci logo que cheguei.

Perto da vila de Manchester, condado de Ontário, no estado de Nova York, existe um monte de considerável tamanho, sendo o mais elevado da redondeza.

No lado oeste do mesmo, não longe do cume, debaixo de uma pedra de grande tamanho, estavam as placas, depositadas numa caixa de pedra.

A pedra de cima era grossa e arredondada na sua parte superior, porém, mais fina nas beiradas.

Tendo removido a terra e com o auxílio de uma alavanca que coloquei sob a beirada da pedra, com pequeno esforço consegui levantá-la.

Olhei para dentro e, de fato, lá estavam as placas, o Urim e o Tumim e o peitoral, conforme me havia dito o mensageiro.

A caixa em que estavam era formada por pedras soldadas por uma espécie de cimento.

No fundo da caixa estavam as duas pedras em posição transversal e, sobre elas, as placas e as outras coisas.

Esforcei-me por retirá-las, no que fui impedido pelo mensageiro que voltara a aparecer e, novamente, fui informado que a época não havia chegado para torná-las conhecidas, o que somente dar-se-ia quatro anos depois; disse-me mais, que tornaríamos a nos encontrar naquele lugar passado um ano.

Ao final de cada ano que passava, voltei àquele lugar e, a cada vez, voltava a ver o mensageiro, que me orientava sobre o que deveria fazer.

Chegou, por fim, o dia de as placas poderem ser recolhidas, bem como Urim e o Tumim e o peitoral; isso foi no dia 22 de setembro de1827, dia em que recebi em depósito as placas.

Eu seria responsável por tudo e pela segurança das placas.

Sofri sérias perseguições no sentido de as placas me serem subtraídas, porém, pela proteção de Deus, elas foram mantidas em segurança até o cumprimento do que me fora ordenado.

Cumprida a minha parte do acordo que fizera com o mensageiro; ele, na data de 2 de maio de 1838, retornou para buscá-las e, então, as devolvi".

∗
*

A seita dos Mórmons tem crescido na América, e o Livro Sagrado para os adeptos contém o relato transcrito acima, acrescido de preceitos sobre conduta, moral e fé, que há mais de um século e meio são venerados.

∗
*

Retornando ao Livro Sagrado dos cristãos, forte é a corrente que deseja que o trecho a ser lido na abertura dos trabalhos dos Aprendizes seja o contido no Livro de São João, capítulo 1, versículo 1:

"No princípio era o Verbo, e o Verbo estava com Deus, e o Verbo era Deus".

Esse único versículo, contudo, não expressa a mensagem que contém, e se torna necessário transcrever a parte sucessiva:

"Ele estava no princípio com Deus.

Todas as coisas foram feitas por ele, e sem ele nada do que foi feito se fez.

Nele estava a vida, e a vida era a luz dos homens; e a luz resplandece nas trevas, e as trevas não a compreenderam.

Houve um homem enviado de Deus, cujo nome era João.

Este veio para testemunho, para que testificasse da Luz, para que todos crescessem por ele.

Não era ele a Luz; mas para que testificasse da Luz.

Ali estava a Luz verdadeira, que alumia a todo o homem que vem ao mundo.

Estava no mundo, o mundo foi feito por ele, e o mundo não o conheceu. Veio para o que era seu, e os seus não o receberam.

Mas, a todos quantos o receberam, deu-lhes o poder de serem feitos filhos de Deus; aos que creem em seu nome, os quais não nasceram do sangue, nem da vontade da carne, nem da vontade do varão, mas de Deus. E o Verbo se fez carne, e habitou entre nós, e vimos a sua glória, com a glória do unigênito do Pai, cheio de graça e de verdade".

Por sermos cristãos, é evidente que aceitaríamos a substituição da leitura do trecho anteriormente referido. Contudo, temos de nos manifestar contrários, uma vez que a palavra de São João apresenta misticidade profunda, dando a Jesus, o Cristo, a divindade plena a ponto de reconhecê-lo como autor da criação do Mundo.

Torna-se muito prematuro, na Loja de Aprendizes, iniciar a Sessão Maçônica com palavras tão místicas.

Em certas Lojas, o trecho lido compreende os 14 versículos, uma vez que esse conjunto torna a mensagem mais clara.

Há quem encontre nos versículos paralelo com a Iniciação Maçônica, quando é lido que "os que crerem não nasceram do sangue, nem da vontade da carne nem da vontade do varão", e seria o nascimento simbólico do Candidato, ocorrido na Câmara de Reflexões.

A leitura consagrada pela maioria das Lojas, ou seja, o Salmo 133, apresenta-se como um louvor ao amor fraterno, mais condizente para a "Fraternidade maçônica".

Selecionar determinado trecho para a abertura do primeiro Grau nos parece secundário, uma vez que qualquer palavra do Livro passa a ser sagrada.

E por que não instituir que a leitura seja dos três primeiros versos contidos no Livro de Gênesis, primeiro livro atribuído a Moisés?

"No princípio criou Deus os céus e a terra.

E a terra era sem forma e vazia; e havia trevas sobre a face do abismo; e o Espírito de Deus se movia sobre a face das águas.

E disse Deus: Haja Luz. E houve Luz".

A luz não é o princípio básico de tudo e do todo? Maçonicamente, a Luz, interpretada como efeito físico ou intelectual, é o germe da compreensão.

Capítulo 12

Os Landmarks

Os Landmarks, palavra inglesa que significa a "demarcação dos limites", constituem as "Leis Básicas" da Ordem Maçônica.

Com a preocupação de estabilizar as Leis Maçônicas, inicialmente, logo após o surgimento do Rito Escocês Antigo e Aceito, as "Leis Básicas" foram resumidas em tantos artigos quantos necessários e cada líder apresentava a sua relação, chegando até a existência de 99.

No entanto, por autoridade do Irmão Alberto Gallantin Mackey, o número foi fixado em 25. Assim, de forma geral, tem-se mantido preservado.

Nem sempre as traduções são fiéis, mas para obedecer à tradição da Grande Loja do Rio Grande do Sul, temos adotado invariavelmente os Landmarks oficiais e que passaremos a transcrever e comentar:

Preferimos conservar o nome inglês, Landmark, porque assim todos sabem a que se refere.

I

"Os processos de reconhecimentos são os mais legítimos e inquestionáveis de todos os Landmarks. Não admitem mudança de qualquer espécie, e desde que isso se tenha dado, funestas consequências posteriores vieram demonstrar o erro cometido".[2]

O reconhecimento que alude o primeiro Landmark diz respeito, obviamente, ao "reconhecimento entre irmãos", ou seja, por meio da Palavra de Passe, Palavra Sagrada, Toque e Sinais.

Contudo, há um reconhecimento mais amplo que abrange toda a Loja. Assim, anualmente nos vem dos Estados Unidos da América do

---

[2]. A redação dos Landmarks que transcrevemos já contém ligeiros comentários explicativos.

Norte a "List of Lodges", publicada pela Masonic Relief Association of the United States and Canada, ou seja, a Associação de Auxílio Maçônico, onde estão inseridas todas as Lojas regulares do mundo.

Sem esse "reconhecimento" não haveria o cumprimento do primeiro Landmark, pois ser maçom é assunto sério e exige uma cobertura segura.

O nosso grande defeito que, infelizmente, é tradição, constitui em convidar o profano para ingressar na Maçonaria, sem lhe dar a mínima explicação; assim, as Lojas "irregulares" captam, de forma consciente, os Candidatos, arrastando-os a uma Instituição que não possui qualquer reconhecimento, cometendo, assim, o engano e mantendo em erro permanente os seus maçons.

Em matéria de Maçonaria não é permitida qualquer mudança, ou seja, alterar a nossa tradição e Leis Básicas. Suporta, por tolerância, a modificação a título de "atualização" de alguma coisa, mas ainda se cometem injúrias contra esse primeiro Landmark, quando se pretende alterar os Rituais.

As inovações são sempre nocivas porque a Maçonaria, sendo um todo universal, deve manter-se íntegra. Os pruridos de falsos superiores conhecimentos, e sob a desculpa de que tudo deve "evoluir", não passam de autoglorificação dos que não sabem, humildemente, aceitar o que nossos antepassados maçons construíram.

II

"A divisão da Maçonaria em três Graus é um Landmark que, mais que nenhum outro, tem sido preservado de alterações, apesar dos esforços feitos pelo daninho espírito inovador; certa falta de uniformidade acerca do ensino final da Ordem, no Grau de Mestre, foi imotivada por não ser considerado como finalidade o terceiro Grau; daí o Real Arco e os Altos Graus variarem no modo de conduzir o Neófito à grande finalidade da Maçonaria Simbólica.

Em 1813, a Grande Loja da Inglaterra reivindicou este antigo Landmark, decretando que a antiga Instituição Maçônica consistia nos três Graus: Aprendiz, Companheiro e Mestre, incluindo o Santo Real Arco.

Apesar de reconhecido, porém, por sua antiguidade como um verdadeiro Landmark, ele continua a ser violado".

Essa preocupação com o Real Arco não atinge a Maçonaria Simbólica Brasileira. Os Landmarks são as Leis Básicas da Maçonaria Simbólica, e não dos Graus Superiores. Esses Graus, sob a responsabilidade dos Supremos Conselhos da Maçonaria Mundial, não se afastam dos Landmarks, mas obedecem às Convenções Internacionais e, como ponto básico, a realizada em Lausanne (Suíça) em l875.

Efetivamente, o Simbolismo é o alicerce do Rito, e o Irmão só poderá prosseguir na trilha dos demais Graus, quando perfeitamente integrado no conhecimento dos três primeiros Graus.

A total independência dos três primeiros Graus não dá, porém, nenhuma prerrogativa no sentido de alterarem-se os Rituais; vemos com frequência, por espírito de inovação, os Rituais serem modificados. Em bom tempo a Confederação das Lojas Simbólicas entendeu unificar os Rituais dos três primeiros Graus, retrocedendo à época de l927, quando os recebeu do Supremo Conselho que é o "dono" do Rito Escocês Antigo e Aceito.

Houve uma tentativa de entregar à Grande Loja de São Paulo esse labor, mas sem o resultado desejado, uma vez que cada Loja continuou e continua alterando os seus próprios Rituais.

No Brasil existem várias "Obediências" independentes entre si, regulares e irregulares, mas que, num consenso comum, mantêm quase que iguais os Rituais do Rito Escocês Antigo e Aceito.

III

"A Lenda do Terceiro Grau é um Landmark importante, cuja integridade tem sido respeitada. Nenhum Rito existe na Maçonaria, em qualquer país ou em qualquer idioma, em que não sejam expostos os elementos essenciais dessa Lenda.

As fórmulas escritas podem variar e, na verdade, variam; a Lenda, porém, do Construtor do Templo, constitui a essência e a identidade da Maçonaria. Qualquer Rito que excluísse ou que a alterasse materialmente deixaria, por isso mesmo, de ser um Rito Maçônico."

A Lenda é de Hiram Abiff, o artífice do Grande Templo de Salomão.

No entanto, há um reparo a fazer: nos três primeiros Graus, essa Lenda apresenta-se incompleta. Ela só se completará nos Graus posteriores.

A Lenda, em si, tem as raízes no fato histórico religioso do Judaísmo, mas nas Sagradas Escrituras não há qualquer referência à morte de Hiram Abiff.

Os ingleses querem que essa Lenda tenha sido o aproveitamento do personagem bíblico para assumir o evento que envolveu a morte trágica de Carlos Stuart e perpetuá-lo.

Se assim foi o desejo, há dois séculos, da Maçonaria Escocesa, hoje a interpretação da Lenda abrange aspectos filosóficos, pois em cada maçom existe um Hiram Abiff, que nada mais seria que um modelo a seguir. As passagens de seu martírio e o desenrolar da busca dos seus Assassinos com a necessária penalização não passam do que o maçom está sujeito a sofrer, porque esses Assassinos na realidade sobreviveram e a cada momento estão ameaçando o homem iniciado.

O estudo mais profundo da Lenda, no seu todo, há de revelar muitas facetas curiosas e servirá para ampliar o conhecimento em torno do comportamento da Sociedade e do ser humano.

Em resumo, a própria vida humana não passa de uma Lenda, de uma ilusão, de uma época fugaz, de uma vaidade, como referiu o próprio rei Salomão.

A Maçonaria não possui dogmas porque cultua a Razão, mas possui lendas como ilustração e caminho para apurar o entendimento, a compreensão, meio salutar para que o homem possa "conhecer-se a si mesmo" e fazer-se conhecer.

No primeiro Grau há certa confusão entre João Batista e Hiram; porém, no terceiro Grau, fica definitiva a presença de Hiram Abiff. Por fim, entre exéquias, julgamentos, aparece a "Ressurreição", que é o ato final.

Num misto de lendário, de Judaísmo, de Cristianismo e de filosofia de vida, a lenda do terceiro Grau se constitui um elemento indispensável que há de acompanhar o maçom, desde a sua primeira Iniciação até o coroamento da Obra, até o Ápice da Pirâmide.

A lenda do terceiro Grau tem dois aspectos: a de como se constrói o Templo e o sacrifício de Hiram Abiff.

No entanto, somos do parecer que Hiram Abiff não construiu o Templo de Salomão, mas apenas o ornamentou, pois era o seu Artífice.

O Templo Humano já vem construído com o nascimento da pessoa. Porém, a Maçonaria nos ensina que esse Templo deve ser ornamentado com os "ornamentos" que a Virtude oferece.

Cada um de nós deve buscar esse Artífice, para, depois, tê-lo dentro de si redivivo e prosseguir no seu permanente embelezamento.

IV

"O Governo da Fraternidade por um Oficial que preside, denominado Grão-Mestre, eleito pelo povo maçônico, é o quarto Landmark da Ordem.

Muitas pessoas ignorantes supõem que a eleição do Grão-Mestre se pratica por motivo de ser estabelecida em Lei ou Regulamento de Grande Loja (ou Grande Oriente).

Nos Anais da Instituição, encontram-se Grão-Mestres, porém, muito antes de existirem Grandes Lojas, e se o atual sistema de governo legislativo por Grandes Lojas fosse abolido, sempre seria mister a existência de um Grão-Mestre."

O Grão-Mestre, por tradição, é o Chefe da Organização Maçônica. O prefixo "Grão" define a sua posição, acima dos Mestres que fazem parte do último Grau do Simbolismo, posto que um Grão-Mestre o seja, também, dos Companheiros e dos Aprendizes e seja por esses também eleito.

As prerrogativas de um Grão-Mestre vêm especificadas nas Grandes Constituições, nas Constituições das Grandes Lojas ou Grandes Orientes e nos Regulamentos Internos.

Não há possibilidade de a Ordem ser presidida por um Governo Colegiado, mesmo que os membros sejam ex-Grão-Mestres.

O "Chefe" é único e seu comando absoluto, pois ele é quem nomeia os seus auxiliares, bem como pode demiti-los.

Cada Grande Loja ou Grande Oriente escolhe o período, por meio de Assembleia Geral, em que cada Grão-Mestre deva governar, período que sofre alterações, podendo ser de um ou dez anos, tudo conforme a vontade do Povo Maçônico, que é soberano.

A formação da Administração é prevista na Constituição, e cada cargo tem as suas atribuições preestabelecidas, podendo sofrer as alterações que forem necessárias, evoluindo de conformidade com a amplitude do trabalho e, sempre, de acordo com o modelo civil das demais sociedades, obedecidos os preceitos do Código Civil do país.

V

"A prerrogativa do Grão-Mestre de presidir a todas as reuniões maçônicas, feitas onde e quando fizerem, é o quinto Landmark.

É em virtude dessa Lei, derivada de antigas usanças e não de qualquer decreto especial, que o Grão-Mestre ocupa o Trono em todas as Sessões de qualquer Loja subordinada, quando se ache presente."

O Grão-Mestre é o primeiro Malhete; portanto, onde for, terá a autoridade de empunhá-lo, mormente dentro de um Templo por ocasião da abertura dos trabalhos.

Há Lojas que destinam a poltrona no Trono da direita para o uso exclusivo do Grão-Mestre, o que está errado, porque a poltrona a ele destinada é a do centro, a denominada "Cadeira de Salomão".

O Grão-Mestre ocupará sempre o lugar principal; à sua direita ficará o Venerável Mestre da Loja; se o Grão-Mestre achar por bem determinar que o Venerável Mestre presida a Sessão, devolver-lhe-á o Malhete, mas permanecerá na cadeira central.

As reuniões não se limitam às que se realizam dentro dos Templos, mas sim qualquer reunião, evidentemente, dentro de sua Jurisdição.

A prerrogativa não poderá, de forma alguma, ser suprimida, nem por inserção de algum na Constituição ou no Regulamento Geral. Se isso ocorrer não terá validade alguma, por contrariar o Landmark.

A presença do Grão-Mestre em qualquer reunião constitui um grande privilégio para os maçons, pois o Comando Supremo dá segurança, garantindo a ordem e o êxito de qualquer empreendimento.

VI

"A prerrogativa do Grão-Mestre de conceder licença para conferir Graus em tempos anormais é outro e importantíssimo Landmark.

Os Estatutos Maçônicos exigem um mês ou mais para o tempo em que deve transcorrer entre a proposta e a recepção de um Candidato.

O Grão-Mestre, porém, tem o direito de pôr de lado ou dispensar essa exigência e permitir a Iniciação imediata."

Tempos anormais são os de "perseguição" religiosa ou política, especialmente quando o governo é ditatorial.

A Ordem não pode ficar prejudicada pela falta de reuniões, nem fenecer; assim, o Grão-Mestre providenciará para formar o Corpo de Mestres ou receber Aprendizes.

Conferir Graus não significa apenas o aumento de salário para quem já é Aprendiz, mas também iniciar o profano.

Em tempos normais e em casos excepcionais o Grão-Mestre poderá dispensar os interstícios e autorizar a Elevação e a Exaltação.

O interstício não é determinado pelos Rituais, mas sim pelo Regulamento. O Grão-Mestre poderá inclusive alterar os artigos do Regulamento, sem qualquer consulta às Lojas ou às Assembleias.

VII

"A prerrogativa que possui o Grão-Mestre de dar autorização para fundar e manter Lojas é outro importante Landmark. Em virtude dele, pode conceder a um número suficiente de maçons o privilégio de se reunir e conferir Graus. As Lojas assim constituídas chamam-se "Lojas Licenciadas". Criadas pelo Grão-Mestre, só existem enquanto ele não resolva o contrário, podendo ser dissolvidas por ato seu. Podem viver um dia, um mês ou seis meses. Qualquer que seja, porém, o prazo de sua existência, deve-se, exclusivamente, à graça do Grão-Mestre."

Depreende-se desse Landmark que nenhum grupo de Irmãos poderá fundar uma Loja sem a necessária permissão. Erroneamente, surgem Lojas, escolhem-se nomes, procede-se à lavratura de ata, fazem-se as convocações e depois do fato consumado é solicitada a permissão para o seu funcionamento ou o seu "reconhecimento".

O Sétimo Landmark proíbe isso. A fundação de uma Loja deve ser precedida de uma autorização.

Essa autorização vem por meio de um ato do Grão-Mestre, que passa a constituir um Decreto por escrito.

A autorização não poderá ser verbal, porque deve ficar registrada para fazer parte do histórico, tanto da novel Loja como dos arquivos da Grande Loja.

Fundar e manter não são sinônimos; uma Loja pode ser "mantida", quando não tiver a capacidade financeira para subsistir, ou número adequado de Obreiros. Essa "manutenção" poderá ser garantida pela vontade pessoal do Grão-Mestre.

O número suficiente de maçom para "fundar" ou "manter" uma Loja é o referido nos Rituais, ou seja, "sete Irmãos dos quais, pelo menos, três são Mestres".

A denominação "Loja Licenciada" traduz que essa Loja teve licença para funcionar.

Não se deve confundir "licença" com "autorização". A "autorização" é dada por meio do fornecimento de uma "Carta Constitutiva", enquanto a "licença" é fornecida, apenas, pela expedição de um "Decreto".

O "licenciamento" não tem prazo fixo, senão seria limitar as prerrogativas de um Grão-Mestre. No entanto, esse "licenciamento" pode ser "cassado" a qualquer tempo, ou transformado em "autorização" com o fornecimento da Carta Constitutiva.

O "licenciamento" é considerado um "favor", ou uma "graça" do Grão-Mestre, pois ele não é obrigado a fazê-lo.

VIII

"A prerrogativa do Grão-Mestre de criar maçons por sua deliberação é outro Landmark, que necessita ser explicado, pois tem sido controvertida a sua existência. O verdadeiro e único modo de exercer essa prerrogativa é o seguinte: O Grão-Mestre convoca em seu auxílio seis outros maçons pelo menos, forma uma Loja e, sem uma prova prévia, confere os Candidatos. Findo isso, dissolve a Loja e despede os Irmãos.

As Lojas convocadas por esse meio são chamadas 'Lojas Ocasionais' ou de 'Emergência'".

Esse oitavo Landmark está preso a práticas administrativas, pois se o Grão-Mestre tem a prerrogativa de, em qualquer tempo e lugar, formar "verbalmente" uma Loja com o número mínimo exigido pelos Rituais, para iniciar, em caso de emergência, um profano, essa Iniciação deverá ter, posteriormente, registro, com a assinatura dos Irmãos verbalmente convocados.

Esse registro é necessário para se poder entregar um "documento" ao Iniciado.

Ocorre que, às vezes, a Iniciação é feita *in extremis*, ou seja, no leito de um profano que não deseja morrer sem ser maçom. Os familiares procurarão o Grão-Mestre que, imediatamente, dada a urgência, convoca mais seis Irmãos e, assim, transmite os "segredos" e recebe o juramento.

Os seis Irmãos que passam a compor uma Loja de Emergência participarão exclusivamente como "testemunhas".

Se houver outros casos de emergência, o procedimento será idêntico; poderá o Grão-Mestre proceder a uma Iniciação a bordo de um navio ou de uma nave aérea? Cremos que sim, pois a sua prerrogativa não apresenta limite algum.

No registro do evento apenas constará que fora formada uma "Loja Ocasional ou de Emergência", que não terá nome ou numeração. Essa prerrogativa, que na prática é a solução para os casos de emergência, também serve para comprovar a autoridade de um Grão-Mestre.

IX

"A necessidade de se congregarem maçons em Lojas é outro Landmark. Os Landmarks da Ordem prescreveram sempre que os maçons deviam congregar-se com o fim de entregar-se a tarefas operativas e que a essas reuniões fosse dado o nome de Lojas. Antigamente, eram essas reuniões extemporâneas convocadas para assuntos especiais e logo dissolvidas, separando-se os Irmãos para de novo se reunirem em outros pontos e em outras épocas, conforme as necessidades e circunstâncias exigissem.

Cartas Constitutivas, Regulamentos Internos, Lojas e Oficinas permanentes e contribuições anuais são inovações de um período recente."

Não há dúvida de que o "agrupamento" atrai as forças místicas, e já no passado dizia o Salmista: "Quão bom e agradável é que os Irmãos vivam em união".

É a "Cadeia de União" que reflete a "união de todos os seres" em agrupamentos ou colônias.

Isoladamente, não poderá subsistir um maçom; é de sua essência a comunicação, pois a "união faz a força", em todos os tempos e lugares.

Loja, aqui, é Oficina de trabalho, é o Templo. Em tempos passados, como todos sabem, a Maçonaria era operativa, ou seja, dedicava-se à construção, seja de seu grupo, seja de obras arquitetônicas, talvez numa reminiscência da prática adquirida durante a construção dos Grandes Templos: de Salomão, de Zorobabel e de Herodes.

Exemplos modernos com a construção das catedrais nos dão conta de que os maçons se reuniam como proteção mútua, na defesa de seus direitos e privilégios.

Posteriormente, com a disseminação dos segredos de construção, a Maçonaria posicionou-se num outro campo: o da especulação. A construção seria espiritual, e a Grande Obra seria a realizada dentro de cada pessoa humana.

Já o Nazareno dissera: "Onde duas ou mais pessoas se reunirem em meu nome, Eu estarei dentro delas".

Portanto, a reunião faz parte da existência da Maçonaria, e sempre observando-se o número sete como mínimo para a obtenção de resultados.

Em qualquer atividade humana, social ou política, as decisões são precedidas de uma reunião, porque o Grupo atua de múltiplas formas, e é o momento do surgimento da liderança natural; a liderança importa no seguimento e nas realizações.

O líder só aparece dentro do Grupo.

A Maçonaria é tão sábia que também não abriu mão do Grupo para evoluir, porque os participantes somam, criam e realizam.

É evidente que a evolução dos povos conduz para o bojo da Maçonaria os resultados positivos. Houve a necessidade de se criarem Constituições, Regulamentos, Normas, Registros, enfim, a organização administrativa que a cada dia se aperfeiçoa.

Muito em breve, a Maçonaria contará com a colaboração científica dos computadores.

É a evolução necessária que em nada prejudica, mas que equipara a Ordem às grandes empresas; sim, o Grupo Maçônico deve atuar em nível de empresa, porém com a mesma discrição de sempre.

A contribuição financeira, cresce cada dia mais em obediência às múltiplas exigências da vida moderna.

Na época da fundação do Rito, a Joia era paga com um "luís" de ouro, que era a moeda circulante de maior valor.

Sempre foi substanciosa a exigência financeira, porque a Maçonaria é obrigada a acompanhar o crescimento natural e impiedoso do progresso.

Se possuímos prédios, esses com o tempo passam a ser obsoletos e exigem reformas ou, pelo menos, conservação. Isso significa gastos vultosos, mas necessários.

O maçom é desprendido, o dinheiro não consta, porque tem o prazer de contribuir com os "metais", visando ao progresso de seu Grupo, que concretiza o seu ideal.

X

"O governo das Fraternidades, quando congregado em Loja por um Venerável e dois Vigilantes, é também um Landmark.

Qualquer reunião de maçons, congregada sob qualquer outra direção, como, por exemplo, um Presidente e dois Vice-presidentes, não seria reconhecida como Loja. A presença de um Venerável e dois Vigilantes é tão essencial para a validade e legalidade da organização de uma Loja que no dia da consagração é considerada como uma Carta Constitutiva."

Esse décimo Landmark é exclusivamente dirigido para as Lojas Simbólicas, porque nos Corpos Filosóficos, como as Lojas de Perfeição, o dirigente tem a denominação de Presidente. No entanto, subsistem os dois Vigilantes, embora, às vezes, com denominações diferentes; por exemplo, em certo Grau tomam o nome de Juiz e Preboste.

O Landmark determina que a presença do Venerável e dos Vigilantes é obrigatória quando a reunião é dentro da Loja.

Pode ocorrer que o Venerável esteja ausente; então assumirá, por Lei inspirada nos Landmarks, o Primeiro Vigilante, mas este será substituído por um terceiro Irmão, assim a Loja trabalhará com três Vigilantes. O impasse é contornado com o chamamento do ex-Venerável, que assume o posto do Venerável Mestre ausente.

Todo Trono da Venerança possui três poltronas; as duas laterais são destinadas aos dois Vigilantes, que, em Loja, apenas se deslocam para o Ocidente e o Setentrião. A Venerança é um corpo trino, e os Vigilantes são a extensão do Venerável.

Mas como essas duas poltronas obviamente passam a ser, no seu aspecto físico, vagas, serão ocupadas uma pelo ex-Venerável e a outra por uma Dignidade presente.

No entanto, essa prática tem pouca aplicação, pois está na dependência de regulamentação.

Todo poder espiritual é trino. Vemos nas Religiões essa composição por demais conhecida.

Isso não significa que a Maçonaria seja uma reunião "democrática" no conceito político do "governo do povo, para o povo e pelo povo".

A obrigatoriedade de a direção de uma Loja ser ministrada por um Venerável Mestre e dois Vigilantes obedece ao princípio espiritual da Organização, pois nada poderá ser executado por uma só pessoa, com exclusão do Grão-Mestre.

Se os Veneráveis Mestres tivessem as mesmas prerrogativas de um Mestre, este teria diminuída a sua autoridade.

Assim mesmo, o Grão-Mestre, por "necessidade" espiritual, de certo modo, abre mão de sua prerrogativa e "nomeia", *sponte sua*, os dois Grandes Vigilantes para constituir o seu Grupo Administrativo, nos moldes hierárquicos de uma simples Loja.

É por esse motivo que a Organização presidida pelo Grão-Mestre é chamada de Grande Loja.

O "triunvirato formado pelo Venerável Mestre e dois Vigilantes assume o aspecto oficial e se firma atuando como "Carta Constitutiva", ou seja, a permissão de constituir a Loja.

Essa permissão, obviamente, emana do Grão-Mestre que, após a eleição dos membros da Loja, consagra a Diretoria eleita, aprovando-a.

Se um grupo de maçons decide fundar uma nova Loja, de forma independente e privativa, mesmo que obedeça ao princípio estabelecido por este décimo Landmark, nenhuma valia teria, pois, sem a autorização expressa de um Grão-Mestre, não passaria de um corpo irregular.

Deve haver, também, observância estrita a respeito da jurisdição de um Grão-Mestre. Assim, nenhum Grupo poderá fundar uma Loja, sob a direção e autorização de um Grão-Mestre de outra Jurisdição. Há um consenso unânime entre as Grandes Lojas de um país, porque se reúnem em Confederação e colocam nas suas respectivas Constituições o respeito quanto à parte territorial de suas jurisdições.

XI

"A necessidade de estar uma Loja a coberto quando reunida é um importante Landmark que não deve ser descurado.

Origina-se do caráter esotérico da Instituição. O cargo de Guarda do Templo, que vela para que o local das reuniões esteja absolutamente vedado à intromissão de profanos, independe, em absoluto, de quaisquer Leis ou Regulamentos de Grandes Lojas ou Lojas Subordinadas ou Grandes Orientes. E o seu dever por este Landmark é guardar a porta do Templo, evitando que se ouça o que dentro dele se passa."

O comentário acima apresenta-se contraditório, pois diz que a porta fechada é para que não se ouça do lado de fora o que se passa no interior da Loja.

Em absoluto, não é isso, pois é dito acima que o fechamento da porta constitui-se em um ato de característica esotérica.

"Cobrir o Templo" não significa "fechar a porta". Estar a coberto é muito mais que fechar a porta.

O Templo é um local dentro da Natureza, tanto que o teto é a própria Abóboda Celeste, em noite amena, quando as constelações são visíveis.

A coberto significa estar sob o "Manto Sagrado do Grande Arquiteto do Universo".

Estar sob a proteção espiritual, tanto de cima, como da Corda dos 81 nós, que circunda a Loja, dando-lhe energia emanada no sentido símbolo-esotérico do "Acumulador".

Estar a Coberto é possuir a Loja a sua "Carta Constitutiva", visível e exposta. O visitante pode exigir e examinar essa Carta, antes de sua entrada no Templo, como lhe dão direito as Constituições de Anderson.

Paralelamente a essa Cobertura, os Vigilantes verificam se todos os presentes são maçons. Essa verificação, por sua vez, diz respeito, não tanto à identidade do maçom, mas se realmente ele deixou no Átrio a sua negatividade trazida do mundo profano.

É a terceira visão que é exercida; o Vigilante "vê" o maçom em seu lado interno, sua receptividade, a soma das suas Virtudes para capacitá-lo a tomar parte da Sessão. Todo esse complexo é que constitui "estar a Coberto".

O Guarda do Templo é um protetor que, com sua Espada, afasta qualquer intromissão profana, mas essa "intromissão" não diz respeito apenas às pessoas.

Não esqueçamos que a "Corda dos 81 Nós" termina justamente na porta de entrada, interrompendo o círculo e findando com duas borlas pendentes em direção ao solo.

A Porta, portanto, fica "desprotegida" da energia emitida pela Corda e esse hiato é suprido pela presença do Guarda do Templo ou Cobridor Interno.

No Primeiro Grau, o Primeiro Vigilante tem apenas dois deveres a cumprir; é o único Oficial que cumpre deveres, sendo o primeiro, justamente, ver se a Loja está a Coberto.

A Espada, além de ser "protetora", atuando como um "para-raios", simboliza a Palavra.

Fala por si só, ao ser manejada; basta que o Guarda do Templo a erga, saindo de sua posição passiva dentro da bainha, para que o Primeiro Vigilante constate que a Loja está a Coberto.

Não esqueçamos que um profano não pode penetrar na Loja sem antes passar pelo Guarda Externo.

O Guarda ou Cobridor Externo tem a função específica de impedir o ingresso de pessoas estranhas.

Em suma, este Landmark deve ser visto mais como de caráter esotérico que administrativo e funcional.

O que se passa dentro de um Templo não pode ser ouvido do lado de fora, porque entre a Sala dos Passos Perdidos e o Templo, encontra-se a Câmara Intermediária, o Átrio, que é um local estanque que neutraliza os sons.

XII

"O direito representativo de cada Irmão nas reuniões gerais de Fraternidade é outro Landmark.

Nas reuniões gerais, chamadas Assembleias Gerais, todos os Irmãos, mesmo os simples Aprendizes, tinham direito de tomar parte. Nas Grandes Lojas, hoje, só têm direito de assistência os Veneráveis Mestres e os Vigilantes, na qualidade, porém, de representantes de todos os Irmãos das Lojas. Antigamente, cada Irmão representava-se por si mesmo. Hoje são representados por seus Oficiais.

Nem por motivo dessa concessão feita em 1717, deixa de existir o direito de representação, firmado por este Landmark."

O Landmark é apenas este: "O direito representativo de cada Irmão nas reuniões gerais da Fraternidade".

Portanto, discute-se somente "o direito representativo", e não a forma dessa representação. No Direito Civil, a representação se faz por meio de um Instrumento de Procuração, denominado "mandato", mas o Regulamento Geral anula esse Direito Civil.

A representação será, porém, exercida pelo Venerável Mestre ou por seus Vigilantes. É evidente que o Venerável Mestre é o representante nato de todos os Membros do Quadro de sua Loja. No entanto, caso a Loja decida indicar qualquer Irmão do Quadro para representá-la, essa decisão é soberana, e o representante indicado substitui o próprio Venerável Mestre.

Sendo, portanto, uma questão meramente administrativa que deve ser regulamentada pelas Grandes Lojas, não se reflete sobre o Landmark que, apenas, exige o direito de representação.

O fato curioso de uma Loja é que, para a eleição de seu Venerável, o Aprendiz não vota, porém, vota para a eleição do Grão-Mestre. Indubitavelmente, essa prática é errada, mas já se tornou uma tradição que, afinal, em nada prejudica os próprios Aprendizes que, face a sua imaturidade, sequer se dão conta de seus direitos, por desconhecê-los totalmente.

Esse direito de representação restringe-se às reuniões gerais da Fraternidade e não às reuniões comuns; assim, em caso de eleição de um Venerável Mestre, os Membros do Quadro não poderão se fazer representar por mandatos por outros Irmãos.

Portanto, o direito de representação está restrito, hoje, às Assembleias Gerais.

XIII

"O direito de recurso de cada maçom das decisões dos seus Irmãos de Loja, para a Grande Loja ou Assembleia Geral, é um Landmark essencial para a preservação da Justiça e para prevenir a opressão."

Este Landmark deveria ser considerado supérfluo, porque não se imaginariam atos injustos e de opressão contra qualquer Irmão.

No entanto, como a "Maçonaria é uma Instituição perfeita formada de homens imperfeitos", sempre ocorrem casos que devem ser solucionados pela Autoridade Superior.

Embora o Landmark não o diga, apelar para o Grão-Mestre seria, em última instância, o recurso adequado, porque assim o Grão-Mestre poderia exercer o direito da graça e do indulto.

No entanto, contra qualquer decisão com a aprovação da própria Loja, seja para desligar o Irmão do Quadro, seja para expulsá-lo, seja impedindo-o de concorrer a um cargo eletivo, o recurso será apresentado à Grande Loja que, reunindo a sua Administração, encontrará solução.

Caso a Grande Loja entenda ser incompetente, remeterá à Assembleia Geral o pedido do irmão. Essa Assembleia poderá ser a Ordinária ou, se o assunto for urgente, poderá ser convocada pelo Grão-Mestre uma Assembleia Extraordinária.

Formar-se-á, evidentemente, um processo. O Grande Guarda da Lei da Assembleia atuará como relator, e a Loja atingida como acusadora, tendo o Irmão recorrente o direito de ampla defesa.

Considerando que as Grandes Lojas, por uma questão de obediência às Leis Civis, têm personalidade jurídica, cabe ao Irmão atingido, que não encontrar solução junto à Grande Loja ou à Assembleia Geral, servir-se de cautelar ou ação ordinária, na Justiça comum.

Frequentemente, isso acontece quando inexiste o espírito de tolerância e Justiça.

Nem todas as Grandes Lojas possuem Códigos Penais e Processuais, e nem sempre os Regulamentos estabelecem prazos para esses recursos; então, esses prazos serão os estabelecidos nas Leis Civis.

XIV

"O direito de todo maçom de visitar e tomar assento em qualquer Loja é um inquestionável Landmark da Ordem.

É o consagrado "direito de visitar". Sempre foi reconhecido como direito inerente que todo Irmão exerce quando viaja pelo mundo.

É a consequência do modo de encarar as Lojas como meras divisões, por conveniência, da Família Maçônica Universal."

Nos primeiros tempos, já organizada a Maçonaria como Instituição, o número de seus membros era limitado e não havia sido, ainda, instituído o costume de reunião periódica em Loja; essas reuniões eram gerais e a Irmandade era convocada. Assim, qualquer Irmão que residisse longe, ao comparecer, tinha o direito de ser aceito.

Posteriormente, organizadas as Lojas e os seus respectivos Quadros, os maçons não filiados tinham o direito de serem recebidos, obviamente, comprovada a sua condição de maçom.

O Visitante, por sua vez, tinha o direito de exigir que a Loja a ser visitada fosse realmente autorizada. Caso contrário, ao dar a Palavra de Passe e a Palavra Sagrada, o Visitante estaria "revelando um segredo", que na época era muito cioso.

Com o progresso foi instituída a documentação como é hoje, cada maçom tem a sua "carteira de identidade maçônica" atualizada e que, apresentada, abrem-lhe as portas de qualquer Loja.

Por sua vez, a Loja passou a possuir uma "Carta Constitutiva" emanada pelo Poder Central, que lhe garante a regularidade.

Esse direito de visita, porém, tem sofrido certas restrições, como o de permitir a entrada somente após ter sido lido e aprovado o Balaústre e da Loja ter solucionado seus assuntos internos.

Uma vez que a visita tenha sido anunciada com antecedência, então, o Venerável Mestre organizará a pauta dos trabalhos, de modo a permitir o ingresso do Visitante, com todos os Membros do Quadro.

Se o Visitante, porém, só for admitido após o encerramento da Ordem do Dia, ele dará entrada de forma ritualística e poderá ser submetido a uma série de perguntas, as quais ele deve conhecer, pois são do próprio Ritual.

Não se deve confundir as sete perguntas com o "trolhamento", pois esse é feito pelo Guarda ou Cobridor Externo.

O Visitante assinará o Livro de Presenças, registrando assim a sua visita; no Livro, além de sua assinatura, consignará o endereço e o nome da Loja a que pertence, para que o Secretário remeta a essa Loja uma Prancha referindo e agradecendo a visita.

Essa prática não significa apenas um protocolo amistoso, mas a comprovação de que foi obedecido o 14º Landmark.

A Família Maçônica é uma só, e seus Membros são, evidentemente, Irmãos. Assim, quando chega um Irmão até a Loja, mesmo que não seja a sua e que se localize em outro país, ele estará sempre "regressando" ao Lar, à Casa Paterna.

É nesse sentido que se fixa o direito de visitação, que em última análise não deveria ser denominado visitação, mas sim "presença", "chegada", "retorno".

E qual o comportamento da Loja que recebe um visitante? Evidentemente de alegria. O Visitante é saudado, são solicitadas notícias de seu Venerável Mestre, dos seus Irmãos do Quadro, dos trabalhos que estão realizando, enfim, um tratamento como se realmente a Loja estivesse na presença de um Membro que há tempo não vê.

O "Amor Fraterno" cultiva-se de muitas formas. Quando o Visitante retorna à sua Loja de origem, à sua Loja Mãe, há de referir como foi tratado e dirá das mensagens de que é portador, dos augúrios e saudações dos Irmãos que visitou.

A formação de Cadeia de União com a presença do Visitante é outro gesto carinhoso, pois são transmitidos ao Visitante todos os fluidos da Loja, os quais levará consigo para entregá-los à sua Loja.

XV

"Nem um Visitante desconhecido dos Irmãos de uma Loja pode ser admitido como Visitante sem que seja, primeiro, examinado conforme os antigos costumes. Só pode ser dispensado esse exame se o maçom for conhecido de algum Irmão do Quadro, que por ele se responsabilize."

O exame a ser feito obedece aos antigos costumes e constitui-se numa parte sigilosa. Quando o Visitante for conhecido, não há qualquer problema; se a sua documentação estiver em ordem, também não haverá dificuldade. No entanto, se essa documentação for emitida por uma Loja estrangeira, em língua desconhecida, e sem qualquer comprovação de autenticidade, evidentemente ela deverá passar por um acurado exame, o que é impossível face à surpresa de ser apresentada à Porta da Loja.

Será posto em prática o "trolhamento", que significa não só a resposta de uma série de perguntas, mas também os "sinais", a "postura" e os aspectos esotéricos.

Para o "trolhamento", caso o Guarda ou Cobridor Externo não se julgue capacitado, deverá chamar o Primeiro Vigilante que, por sua capacidade espiritual, "sentirá" se está ou não na presença de um maçom.

Trata-se de um aspecto muito sutil, mas real. O maçom emite os seus sinais místicos e esses são captados por quem possui condição espiritual para reconhecê-los.

Esse será o "exame segundo os antigos costumes".

Todo Iniciado passa de uma vida comum para um estado espiritual que friamente passa pela Iniciação, mas aquele que a vivenciou e viu a "Verdadeira Luz", é o Iluminado; portanto, essa "Luz" será visível para o Examinador.

Examinar constitui uma prova analítica, ou seja, a análise e pesquisa; não se resume ao interrogatório, mas à verificação minuciosa, elemento por elemento, para constatar e definir o que se pretende.

Se o Visitante tem o direito de visitação, o Visitado tem o direito do exame.

Completando-se, assim, o ato do "recebimento" do Visitante, este ingressará na Loja com todas as suas prerrogativas.

XVI

"Nem uma Loja pode intrometer-se em assuntos que digam respeito a outras, nem conferir Graus a Irmãos de outros Quadros."

As Lojas atuais são organizadas com plena autonomia e independência, limitadas apenas pelas prerrogativas do Grão-Mestre e da Grande Loja ou do Grande Oriente, a quem, obviamente, encontram-se subordinadas, tanto que a conferição de Graus precede a autorização da Grande Loja ou do Grande Oriente.

Torna-se curial que uma Loja não pode interferir na Administração de uma Loja coirmã.

Poderá, de comum acordo, proceder a uma só cerimônia de Iniciação, em fusão, ou seja, com a participação de mais de uma Loja.

Se, porém, uma Loja conferir Graus a membros de outra Loja, esses Graus não terão validade, e o responsável poderá sofrer punição, pois constituiria a "revelação" prematura a quem não tiver direito do conhecimento de Graus superiores.

Quando ocorrerem situações ilegítimas, a Loja poderá até ser suspensa, a sua Diretoria cair e o Grão-Mestre nomear um Interventor.

Felizmente não se conhecem, em nosso País, casos que violassem o 16º Landmark.

Os Landmark são a base dos Regulamentos, das Constituições e dos Estatutos da Ordem Maçônica. Apesar de sua existência, esses 25 preceitos fundamentais ainda dependem de regulamentação uniforme, pois não subsistem *per se*, a ponto de dispensar normas mais amplas e claras.

XVII

"Todo maçom está sujeito às Leis e Regulamentos da Jurisdição Maçônica em que residir, mesmo não sendo membro de qualquer Loja. A inafiliação é já, por si, uma falta maçônica."

O ingresso na Ordem Maçônica, entre nós, brasileiros, difere do ingresso dos Estados Unidos, pois, aqui o Candidato ingressa no "escuro", sem nada saber e nada conhecer. Nos Estados Unidos, porém, o Candidato recebe uma preparação e toma conhecimento dos seus deveres, obrigações e direitos.

Cremos que nosso sistema seja falho, pois não se poderá exigir do neófito o juramento de fidelidade à nossa legislação se não a conhece.

É necessário que se constitua um "Manual para o Candidato", a fim de se coibir que seja aceito o juramento sobre o que desconhece. As Leis e Regulamentos não constituem segredos, pois não fazem parte do "sigilo" tradicional; podem até ser publicados para a obtenção da personalidade jurídica civil. Para o registro deve ser juntado à petição, a Juízo competente, pelo menos, um exemplar da Constituição.

No entanto, assim mesmo, para o público, trata-se de uma legislação "reservada", pouco divulgada.

É injusto obter um juramento, uma promessa, um compromisso, um voto sobre o que se desconhece. É uma comprovação de falta de personalidade do Candidato que anui, aceita, se sujeita a normas que desconhece. Como poderá, posteriormente, sujeitar-se a elas?

Porém, o 17º Landmark parte do princípio de que o maçom já tenha pleno conhecimento das Leis e Regulamentos e, evidentemente, exigirá a obediência necessária.

A redação que foi dada ao Landmark acima apresenta-se contraditória, pois admite a existência de maçom que não esteja filiado a alguma Loja.

A falta da filiação constitui uma "falta maçônica", e não uma irregularidade.

Ora, o maçom que não tiver obrigações legais por falta de filiação jamais estará sujeito à Legislação de sua Instituição.

Apesar de o "estado" de maçom ser condição permanente – "Uma vez maçom sempre maçom" – como acontece com os sacerdotes, será maçom *in aeternum*.

Essa exigência não poderá ser exercitada, pois os desmandos ou desregramentos de um maçom não filiado não poderão ser punidos; o poder maçônico não o alcançará.

O único meio para punir o faltoso será impedi-lo de regressar à Ordem e comunicar a toda a Fraternidade sobre seu comportamento, para que não seja admitido em alguma outra Jurisdição.

XVIII

"Por este Landmark os Candidatos à Iniciação devem ser isentos de defeitos ou mutilações, livres de nascimento e maiores. Uma mulher, um aleijado, ou um escravo e um menor não podem ingressar na Fraternidade."

Esse Landmark tem sido objeto de muita crítica, pela discriminação que contém, evidentemente, injustificada.

Cremos já ser tempo de uma revisão, não por uma Grande Loja ou um Grande Oriente, mas em reuniões internacionais onde toda a Maçonaria mundial se fizesse representar.

O Landmark equipara a mulher ao aleijado e ao escravo. Ele não discrimina o negro porque em sua época o negro era escravo e já estava implicitamente incluído.

A proibição diz respeito, apenas, aos Candidatos, pois, caso um Irmão, em consequência de um acidente resultar com defeito físico, o Landmark não o alcança.

Na época havia três motivos para essa proibição: a necessidade de defesa, face às perseguições constantes, defesa por meio de arma branca que exigia perícia e desenvoltura física, a necessidade de passar pelas provas estabelecidas que eram severas e exigiam muita perícia e esforço físico e o aspecto artístico, pois os Membros das Lojas eram pessoas ilustres, de destaque, que não se sentiriam à vontade diante de um aleijado.

Com o passar dos anos, porém, nada restou dessas necessidades, de modo que este Landmark, a rigor, não é observado.

O livre de nascimento é uma condição ultrapassada, pois inexistem escravos.

Quanto à idade, a maioria das Lojas, sem justificativa, a fixam em 25 anos; algumas Grandes Lojas admitem a Iniciação aos 21 anos. Quando o Candidato for Lowtons ou De Molay, o limite será de 18 anos.

Hoje, um rapaz com 18 anos tem desenvolvimento intelectual superior aos rapazes do século passado. O ingresso com essa idade será permitido se o Grão-Mestre anuir na Iniciação.

O comentário do Landmark iguala a mulher ao aleijado e ao escravo.

A participação da Mulher na Maçonaria é uma questão polêmica, porque encontra adeptos a favor e contra.

A mulher está em busca de uma libertação total, pois as feministas proclamam que se encontram diante do homem numa posição de inferioridade e de discriminação.

Cremos um pouco cedo para que a Maçonaria tome uma decisão a respeito, pois os inconvenientes na admissão de Mulher, por enquanto, são maiores que as vantagens.

A colocação da mulher, tanto a esposa como a filha do maçom, encontra lugar nos trabalhos paramaçônicos, como grandes incentivadoras e auxiliares nos trabalhos operativos e na participação social.

Porém, enquanto subsistir esse Landmark, é óbvio que o maçom terá de respeitá-lo.

Apesar disso, existem Lojas Femininas e Mistas, mas que não são reconhecidas, sendo Corpos, não tanto irregulares, mas inaceitáveis.

As Lojas têm recebido visitantes provindos de Corpos irregulares, mas não têm recebido visitantes femininas.

XIX

"A crença no Grande Arquiteto do Universo é um dos mais importantes Landmarks da Ordem. A negação dessa crença é impedimento absoluto e insuperável para a Iniciação."

O Universo foi "construído" segundo a concepção filosófica. Cientificamente, o Universo foi se formando e aperfeiçoando, vindo do "quase-nada", o que equivale a uma "construção".

Milhões ou bilhões de anos, ou mesmo cinco ou dez mil anos, para nós tanto faz, pois o tempo é um elemento muito difícil de ser assimilado. Abstraindo esse aspecto filosófico, o maçom deve crer, com convicção ou não, que há um "Princípio Criador", e para não fixar uma Entidade é que se convencionou que, Deus, para o maçom, é Arquiteto.

Evidentemente, sendo Arquiteto, se o coloca acima de qualquer artífice, dando-lhe maior grandeza, será um "Grande Arquiteto", não só do mundo ou dos mundos, mas do Universo todo.

Se me olhar em um espelho, verei como sou e será fácil compreender que alguém me criou.

Houve uma tentativa, por parte dos gnósticos, de oferecer um Deus que fizesse parte do Universo de forma material.

Os mitologistas encarnavam as divindades em seres humanos, embora com atributos excepcionais.

Porém, um Grande Arquiteto do Universo deve situar-se fora do Universo, pelo menos do que concebemos como tal. Alguém de fora, que deseja construir e ordenar, o que para nós é incomensurável e de difícil compreensão.

Todos sabemos como o mundo se formou, como os astros surgiram, pois a Astronomia é uma ciência que tem evoluído sobremodo, complementada com os conhecimentos das aventuras espaciais.

O valor do Universo para nós é relativo; nos interessa muito mais o nosso planeta e, mais ainda, o ser humano.

É por isso que o maçom volta o seu interesse para o "Universo de Dentro", o Homem, onde se processam todos os fenômenos que ocorrem no "Universo de fora".

Crença aqui é submissão e obediência; o maçom deve crer e não necessita ter convicção dessa crença.

O maçom não pode repelir a existência do Grande Arquiteto do Universo. Aceitando-o, estará dando uma demonstração de que adere aos princípios da Maçonaria.

A dúvida que a grande maioria dos homens tem sobre Deus decorre de que, sempre, lhe foi apresentado um Deus que pune; a "ira de Deus" que castiga na terceira geração os erros dos avós, um Deus ciumento revelado no Segundo Mandamento; um Deus que fiscaliza e que separa os bodes das ovelhas, enfim, um Poder temido.

Jesus veio transformar essa concepção, mas como veio em carne e sob o aspecto humano, o mundo não acreditou nele. Em Deus não se crê porque não é humano; em Jesus não se crê porque é humano.

A Maçonaria tem uma preocupação central que é a sua filosofia, o amor entre os Irmãos. Não é o amor entre os homens, mas sim entre os que foram iniciados e os que comungam em torno deste ideal, o amor fraterno.

Portanto, o Grande Arquiteto do Universo é também o "construtor" desse amor fraterno e se apresenta como Deus Pai, Deus bondoso, Deus fraterno,

Essa Bondade envolve muita tolerância e perdão, graça e incentivo, na busca da fórmula para uma entrada em um Reino de Paz, a Jerusalém Celestial.

O maçom deve aceitar essa Presença, e as suas dúvidas se dissiparão, porque o homem não foi criado para o sofrimento, mas para a glória de Deus.

Quando no Grupo Maçônico surge um elemento descrente, é porque não foi suficientemente sindicado, antes de sua iniciação.

A exigência de uma crença em Deus objetiva a continuação da harmonia do grupo. Se o grupo crê, por que colocar nele alguém que não crê? Deve haver severa vigilância a esse respeito, porque é melhor abrir mão de um Candidato, mesmo excepcional, que tirar a fé dos Irmãos, que abraçados nela podem construir o seu Mundo em busca da Felicidade.

Pode suceder que o Candidato tenha essa crença em Deus e, assim, é iniciado; perdendo essa crença, mais tarde, o que acontece?

Certamente, esse aspecto tão íntimo não transpira, e apenas alguns mais atentos observarão essa mudança.

Faz-se, portanto, necessário que os Líderes estejam sempre atentos para evidenciar a existência do Grande Arquiteto do Universo, solidificando a Fé.

Essa crença não é dogma, mas princípio, condição primeira, para ingressar na Ordem.

Houve muitos maçons que eliminaram este Landmark e criaram o Rito Francês Moderno, suprimindo a crença em um Grande Arquiteto do Universo e o Livro Sagrado.

Esse Rito ainda é desenvolvido no Brasil, o que torna irregular o Corpo que o adota.

XX

"Subsidiariamente a essa crença, é exigida a crença em uma vida futura."

Essa crença é subsidiária à crença no Grande Arquiteto do Universo, porque só na Vida Futura, ou seja, a denominada "vida além--túmulo", todos os mistérios serão revelados.

O progresso filosófico e tecnológico é muito grande e o homem possui meios de ampliá-los, cada vez mais. No entanto, esbarra no "Vida Futura". O que se propala não passa de cogitação.

O Livro Sagrado, a Bíblia, visa à apresentação dessa "Vida Futura", e não é só esse livro judaico-cristão que assim informa; são todos Livros Sagrados.

Desenvolveu-se há mais de século e meio a doutrina espírita, que tem em vista, quase que exclusivamente, o contato com essa "Vida Futura", chamando às suas reuniões espíritos de pessoas mortas. Contudo, por mais convincente que isso se apresente, ainda não é suficientemente claro. Os estudos sérios concluem que o assunto permanece em campo experimental confuso e nebuloso.

A Maçonaria lança, apenas, o Landmark – é preciso crer numa Vida Futura –, mas não esclarece nada, absolutamente, sobre essa Vida.

Este Landmark liga e une o maçom ao Grande Arquiteto do Universo, que numa vida futura se apresentará "face a face", como disse o Apóstolo Paulo de Tarso.

A "Vida Futura" liga e une à "Ressurreição". A crença na "Ressurreição" não constitui um Landmark, mas é uma questão óbvia.

A nossa Lenda de Hiram Abiff conduz à "Ressurreição"; o Cristianismo, bem como as religiões hindus, egípcias, antigas e modernas, não a dispensam. Assim, uma das preocupações filosóficas da Maçonaria é justamente a "Ressurreição", no momento preciso para o ingresso numa outra Vida. Será o arrebatamento profético, a seleção dos predestinados, a retirada do Mundo para evitar o holocausto.

Enfim, crer nos 19º e 20º Landmarks constitui a parte mística dos trabalhos maçônicos.

O Landmark culmina em afirmar que essa crença "é exigida"; ninguém é obrigado a ingressar na Ordem; se aceita, é porque essa exigência não lhe tolhe a liberdade de pensar.

Quando o Candidato é submetido às sindicâncias, de forma pública direta ou indireta e discreta, o sindicante sabe o que deve escutar e, com muita habilidade, provoca no Candidato a manifestação de suas ideias e de seus princípios. Se por acaso o Candidato não crê na existência de Deus e de uma Vida Futura, não deverá ser proposto.

XXI

"É indispensável a existência no Altar dos Juramentos de um Livro Sagrado, o livro que se supõe, conforme a crença, conter a Verdade revelada pelo Grande Arquiteto do Universo.

Não cuidando a Maçonaria de intervir nas peculiaridades de fé religiosa dos seus Membros, esses livros podem variar conforme os credos. Exige por isso, este Landmark, que um "Livro Sagrado" seja parte indispensável das alfaias de uma Loja."

O Livro vem denominado de duas formas: "Livro Sagrado" e "Livro da Lei". A segunda denominação causa confusões, porque um Livro da Lei poderia ser uma simples Constituição, seja da Ordem, seja do país onde funcione.

"Lei", obviamente, significa uma "Lei Divina", porém a denominação "Livro Sagrado" define com mais precisão o objetivo do Landmark. Poderia, sem dúvida, denominar-se de "Livro da Lei Sagrada".

Havendo um Altar de Juramentos, alguém deverá "jurar" para alguém o que, desde logo, se define que esse "alguém" seja o Grande Arquiteto do Universo.

O juramento poderia ser feito sobre uma Espada ou qualquer Símbolo Maçônico, porém, ficou estabelecido como Lei que o juramento deve ser feito sobre o Livro Sagrado.

A Maçonaria tem as suas Oficinas espalhadas pela face da Terra; os povos têm crenças diversas. Portanto, o Livro Sagrado muda de acordo com a maioria dos Obreiros.

Entre nós é adotada a Bíblia, ou História Sagrada, e os irmãos israelitas a aceitam porque é um Livro que faz parte de sua crença. Já na Índia ou Japão, o Livro Sagrado é outro; serão os *Vedas*, como nos países árabes, será o *Alcorão*; no Egito o *Livro dos Mortos*, enfim, essa alteração é perfeitamente compreensível e aceitável.

Por que a presença de um Livro Sagrado? Certamente, os Livros contêm os preceitos religiosos, os pensamentos, a filosofia de um povo; é a Palavra escrita, o "Verbo", a representação simbólica de uma "Presença".

Esse Livro deverá necessariamente ser aberto no início das Sessões. O Landmark não faz essa exigência, mas os Rituais determinam a abertura, de forma litúrgica, sendo a parte mais mística da Sessão. O Livro não pode ser aberto por qualquer Irmão, mas sim pelo Ex-Venerável Mestre ou pelo Guarda da Lei, com respeito e veneração. Cada Grau do Rito tem uma leitura diferente adequada ao próprio Ritual, uma mensagem apropriada, ora de advertência, ora de consolo.

A leitura pelo Oficiante significa a "real presença" de Deus, que "fala" e, assim, está presente nos trabalhos.

É uma reminicência do tempo do rei Salomão, quando Jeová "falava" por intermédio do Sumo Sacerdote.

Ainda hoje, na Igreja Católica, a leitura do Evangelho é o ponto culminante da missa; nem mesmo o Sumo Pontífice, o Papa, dispensa essa leitura.

Os três Landmarks – XIX, XX e XXI – formam um só e se apresentam de forma trina, em obediência ao costume de venerar o número três.

XXII

"Todos os maçons são absolutamente iguais dentro da Loja, sem distinção de prerrogativas profanas, de privilégios que a sociedade confere. A Maçonaria a todos nivela nas reuniões maçônicas."

Essa igualdade não fere o princípio hierárquico maçônico, porque os Irmãos postos em evidência o foram pelo voto do Quadro. Todos têm o direito de serem eleitos Veneráveis Mestres ou outros cargos. Sempre chega a vez de todos, no rodízio recomendável a uma boa organização.

Os direitos igualitários são, porém, disciplinados pelos Rituais e Regulamentos. Assim, a palavra é oferecida uma vez e se o Irmão a usa, não poderá mais fazê-lo. Isso não significa discriminação, mas disciplina.

Antigamente, não eram admitidos à Ordem os militares abaixo do Grau de tenente. Essa distinção era em decorrência do princípio hierárquico militar, mas foi suprimida.

O ingresso na Ordem está na vontade do Grupo; se o Grupo entender que deve selecionar os Candidatos, poderá fazê-lo; não há proibição a respeito; no entanto, uma vez Iniciado, o Irmão será igual aos demais.

Há, porém, um detalhe a ser salientado: os direitos de um Aprendiz não são os mesmos de um Mestre. Essa diferença, no entanto, obedece apenas a determinações ritualísticas. Tão logo haja o "aumento de salário", os direitos serão nivelados.

O maçom vale pela sua personalidade, seu comportamento, sua filosofia e sua disposição em servir a seu Irmão. Nem a posição social, o dinheiro ou a cultura o destacarão dos demais.

A tendência dos mais humildes será a de lutar para alcançar os portadores de atributos e virtudes excepcionais e, jamais, a exigência de um nivelamento por baixo, ou seja, que o virtuoso abra mão de suas qualidades para igualar-se ao menos dotado.

Não deve haver frustrações, inveja ou desânimo. Todos, unidos, buscam o aperfeiçoamento; o maior cederá para o menor. Essa é a Lei do Amor Fraterno.

A Maçonaria sequer exige que o Candidato seja alfabetizado! Busca, sim, que possua recursos financeiros para que possa arcar com despesas naturais que enfrentará para a manutenção da Ordem e da sua Loja e que esses gastos não prejudiquem o orçamento doméstico a ponto de causar embaraços ou privações a sua família.

Essa precaução não significa, porém, discriminação, mas sim seleção.

A Maçonaria a todos nivela, não só no aspecto de igualdade social, mas no aspecto espiritual, porque a distribuição é feita com a permuta das vibrações e dos fluidos, mormente quando em "Cadeia de União".

Cada Landmark não pode ser visto apenas no seu aspecto formal, mas deve ser analisado na busca do que ele realmente representa maçonicamente.

XXIII

"Este Landmark prescreve a conservação secreta dos conhecimentos havidos pela Iniciação, tanto os métodos de trabalho como as suas Lendas e Tradições que só podem ser comunicados a outros Irmãos."

É o "sigilo maçônico", sempre preservado. No entanto, não há punição para quem faz revelações. A recomendação era necessária na época das perseguições. Hoje, os manuais, livros, artigos em jornais e revistas maçônicos descrevem, discutem, apresentam sugestões e, sobretudo, orientam sobre o significado esotérico da Iniciação, orientando assim todos os maçons que não encontrem em suas Lojas um "Mestre" suficientemente instruído para isso.

Quem passa pela Iniciação adquire conhecimentos espirituais através da sua experiência pessoal. É essa experiência e esse resultado que deverão ser mantidos em "secreto", seja para evitar a vulgarização, seja para que não se lhes dê interpretação jocosa.

Os métodos de trabalho dependem da criatividade de cada Venerável Mestre. Os Rituais fornecem uma linha mestra a seguir, o mínimo a executar, porém, cada Candidato merece um método ajustado à sua personalidade e ao seu conhecimento. Se, por exemplo, o Candidato é um espiritualista experimentado, obviamente, sua Iniciação deverá ser cuidadosamente elaborada, porque ele entenderá com mais profundidade o que significa o símbolo da morte.

Cada Grau possui a Lenda própria; a Lenda não é uma história fantasiosa. Hoje, essa figura literária tende a desaparecer, porque em seu lugar surgiu a ficção. As Lendas Maçônicas não são obras de ficcionistas, mas sim a "filosofia" de cada Grau.

O Landmark III recomenda a Lenda de Hiram Abiff, cuja interpretação esotérica é privativa; não é a história em si que deve ser mantida em segredo, mas o seu significado no momento da Iniciação.

As tradições, hoje, sem exceção, já estão codificadas e escritas; não há obra maçônica que não as refira. Assim, passaram a constituir parte integrante do conhecimento maçônico universal.

Portanto, este Landmark é muito relativo, sendo conservado porque faz parte de um todo.

Cada escritor é consciente daquilo que pode ou não revelar. Não se deve confundir divulgação com comunicação. A linguagem maçônica é específica e o seu vocabulário exato, assim, comunicar é a transmissão que só o Venerável poderá exercitar.

XXIV

"A fundação de uma ciência especulativa segundo métodos operativos e o uso simbólico, a explicação dos ditos métodos e dos termos nele empregados com o propósito de ensinamento moral constituem outro Landmark. A preservação da Lenda do Templo de Salomão é o outro fundamento deste Landmark."

Não há confusão maior que este Landmark que é repetitivo, pois, sobre a Lenda do Terceiro Grau, já se refere o Landmark III, e a preservação da mesma Lenda é feita no XXIII.

A ciência especulativa não se cria nem se funda; ela é mantida e desenvolvida e se origina do conceito cristão do amor fraterno, ou o culto da fraternidade.

Não há razão para se iniciar uma nova "especulação". Tampouco a Maçonaria possui meios para estar em dia com o pensamento filosófico da atualidade. O comportamento genérico, com raras e honrosas exceções dos Veneráveis Mestres e dos maçons, mesmo os escritores, é partir do que os Rituais ensinam. Por curiosidade ou para dar um cunho de intelectualidade, são programadas, esporadicamente, conferências e palestras ministradas por maçons que dão a sua colaboração apresentando temas filosóficos.

O método operativo é a aplicação da Moral Maçônica no campo social, familiar e de lazer. O uso dessa moral operativa para fundar uma ciência especulativa nos parece fora de propósito. Pelo menos, não se pode entender o que o Irmão Alberto Gallantin Mackey (1807-1881) quis dizer com a "fundação de uma ciência especulativa segundo métodos operativos".

Acrescenta que essa função especulativa, ainda, usa os símbolos, o que torna o "mistério" ainda mais incompreensível.

Em resumo, o Landmark deseja dizer que deverão ser preservados todos os ensinamentos maçônicos, quer os recebidos do passado, quer a possibilidade de novos que hão de surgir.

XXV

"O último Landmark é o que afirma a inalterabilidade dos anteriores, nada podendo ser-lhes acrescido ou retirado, nenhuma modificação podendo ser-lhes introduzida. Assim, como de nossos antecessores os recebemos, assim os devemos transmitir aos nossos sucessores."

Os Landmarks, como já dissemos, foram apresentados por Mackey e "adotados" por consenso das Grandes Lojas e Corpos Filosóficos que trabalham com o Rito Escocês Antigo e Aceito.

Outras Obediências, por sua vez, os têm adotado, inclusive com outros Ritos.

Porém, não está fora de cogitação a sua alteração, bastando que haja a aprovação das Confederações Internacionais.

Não há dúvida de que isso não tardará a acontecer, porque são de confecção relativamente recente, e outros poderão surgir que se adaptem melhor às necessidades vigentes, sem que isso venha a constituir qualquer falta ou atentado às tradições.

A sua "materialidade", nada podendo ser-lhes acrescido, retirado ou modificado, é inspiração do que consta num dos últimos versículos do Livro do Apocalipse:

"Eu testifico a todos os que ouvem as palavras da profecia deste Livro. Se alguém lhes acrescentar alguma coisa, Deus lhe acrescentará as pragas escritas neste Livro; e se alguém tirar qualquer coisa das palavras do Livro desta profecia, Deus lhe tirará a sua parte da Árvore da Vida e da Cidade Santa, que estão escritas neste Livro".

Só faltou ao último Landmark a "maldição" do autor do Apocalipse, que apresenta Deus como um ser terrível e vingador.

Somos do parecer que já é chegado o momento de revisarmos nossos Rituais e os métodos de trabalho, sem, contudo, alterar a tradição e os princípios fundamentais esotéricos.

Isso não está proibido, porque um novo Mackey poderá surgir, com a cultura maçônica do passado e o conhecimento atual de todas as coisas.

No entanto, enquanto os 25 Landmarks se constituírem em Lei Maçônica, cumpre a todos nós maçons não só preservá-los mas, cumpri-los, esclarecendo a respeito do seu significado.

MADRAS® Editora

Para mais informações sobre a Madras Editora,
sua história no mercado editorial
e seu catálogo de títulos publicados:

Entre e cadastre-se no site:

www.madras.com.br

Para mensagens, parcerias, sugestões e dúvidas, mande-nos um e-mail:

marketing@madras.com.br

SAIBA MAIS

Saiba mais sobre nossos lançamentos,
autores e eventos seguindo-nos no facebook e twitter:

@madrased

/madraseditora